أخطاء شائعة في البحوث التربوية

كوجك ، كوثر حسين .

أخطاء شائعة في البحوث التربوية / كوثر حسين كوجك . ط 1. – القاهرة : عالم
الكتب ، 2007

168 ص، 24 سم

تدمك : 977-232-574-8

١-   التعليم – البحوث التربوية

أ-   العنوان   370.78

عـالم الكتب

نشر – توزيع – طباعة

❖ الإدارة :
16 شارع جواد حسنى – القاهرة
تليفون : 3924626
فاكس : 00202939027

❖ المكتبة :
38 شارع عبد الخالق ثروت – القاهرة
تليفون : 3926401 – 3959534
ص . ب 66 محمد فريد
الرمز البريدى : 11518

❖ الطبعة الأولى
1428 هـ – 2007 م

❖ رقم الإيداع 4493 / 2007

❖ الترقيم الدولى I.S.B.N
977- 232-574 –8

❖ الموقع على الإنترنت : WWW.alamalkotob.com

❖ البريد الإلكترونى : info@alamalkotob.com

مطبعة أبناء وهبه حسان
٢٤١ (أ) ش الجيش - ميدان الجيش ت : ٥٩٢٥٥٤٠

أخطـاء شـائعة في البحـوث التربويـة

Pitfalls in Educational Research

مقدمة

INTRODUCTION

قرأنا وناقشنا واقتنعنا بأن التعليم فى أى مجتمع هو قاطرة التقدم. فمـن الـذى يقـود هـذه القاطرة؟...إنه بلا جدال البحث العلمى فى مجالات التربية والتعليم ، عـلى كافـة المستويات سواء فى التعليم الجامعى أو التعليم قبل الجامعى.

ومـن هـذا المنطلـق زاد الاهـتمام بـالمعلم ، فهـو العصـب الأساسى فى النهـوض بالعمليـة التعليمية/التعلمية. وتركز الاهتمام بالمعلم فى مراحل إعداده، وكذلك فى مراحل عمله أثنـاء الخدمة.

وكان لابد من الاهتمام بكليات التربية التـى تعد المعلـم ليواكب متطلبـات عصرـ المعرفة ، ولتؤهله للقيام بدوره كباحث ومطور للمناهج ولأسـاليب واستراتيجيات التعليم، وأسـاليب التقييم ، وإعداد المواد التعليمية.

ولتحقيق هذا الهدف تزايد عدد كليات التربية ، وتنوعت الدراسة والتخصصـات فيها. وتزايد إقبال المعلمين على الالتحاق بالدراسات العليا للحصول على الدبلومات المتخصصة فى التربية ، وأيضا للحصول على الماجستير والدكتوراه . هذا بالإضافة إلى المعيدين والمدرسين المساعدين الذين يستكملون متطلبات العمل فى هيئة التـدريس فى الكليـات الجامعيـة والمراكـز البحثيـة المتخصصة.

وزادت البحوث التربوية فى المجالات المختلفة ؛ وهى ظاهرة إيجابية تسعد كل المهتمين بالارتقاء بجودة التعليم و بمستوى العاملين به. ولكن صاحب هـذا الانتشار والكم الكبير للبحوث التربوية إحساس بتدنى المستوى العلمى لبعض هذه البحوث ، مما انعكس على الثقة فيها وفى نتائجها.

وأكبر دليل على ذلك عدم إفادة العملية التعليمية من هذه البحوث على المستوى التطبيقى.

ما علاقة هذا الكتاب بكل ذلك؟؟؟؟

دعونى أُرجع الفضل لأصحابه..

فقد شرفت بدعوة لحضور سيمينار فى كلية التربية الفنية بجامعة حلوان وكان الحوار حول البحث التربوى ومشكلاته. وتفجرت فى هذا اللقاء موضوعات وآراء أوضحت أن هناك حاجة لمناقشة طلاب وطالبات الدراسات العليا فيما يقابلهم من مشكلات أو صعوبات ، وما يقعون فيه من أخطاء فى بحوثهم التربوية. وتكرر اللقاء...... وتأكدت الحاجة لمزيد من هذه المناقشات.

وبتشجيع وصل إلى حد الإلحاح من أعضاء السيمينار بقيادة الأخت العزيزة الأستاذة الدكتورة أمينة عبيد ، وكيلة الكلية للدراسات العليا ، كان وعد منى أن أحاول تجميع حصاد سنوات من الإشراف على البحوث التربوية ، ومناقشة مئات الرسائل فى عديد من الجامعات المصرية والعربية ، وأن ألخصه فى اختصار لأبين لأبنائى وبناتى بعض الأخطاء التى يقع فيها بعض الباحثين فى مختلف مراحل البحث التربوى.

وها أنا أحاول الوفاء بالوعد....

لقد رأيت أن أفضل أسلوب أتناول به عرض الأخطاء التى يقع فيها بعض الباحثين فى مراحل البحث التربوى ، أن أصحب الباحث خطوة خطوة من البداية وحتى النهاية. وقد وضعت فى اعتبارى أننى أتكلم مع طلاب وطالبات درسوا مناهج البحث العلمى ، فلم أتعمق فى شرح الموضوعات المختلفة إلا بالقدر الذى يساعد فى توضيح الخطأ الذى يحدث وأسبابه وكيفية تجنبه.

لذلك، نظمت محتوى الكتاب فى عشر أقسام يتناول كل قسم منها مرحلة من مراحل البحث مع شرح مختصر لمكوناتها ، ثم عرض ومناقشة للأخطاء المحتملة فى كل مرحلة.

عرضت فكرة الكتاب على مجموعة من الزملاء والزميلات، كما استشرت طلابي وطالباتي في مرحلة الدكتوراه بكلية التربية بجامعة حلوان ، وكان لكل فرد إسهاماته وتوجيهاته ، التي استفدت منها كثيرا...فأضفت أجزاء وعدلت أجزاء.

وأخص بالذكر والشكر الزميلة العزيزة الأستاذة الدكتورة سميرة أبو زيد التي كثيرا ما تناقشنا في بعض الموضوعات أثناء كتابتي ، وكانت آراؤها مهمة ومفيدة .

كما أود أن أوجه كلمة شكر وتقدير للزميلة العزيزة الأستاذة الدكتورة مديحة لطفي التي كان لحماسها لموضوع الكتاب أثر في تحفيزي ودفعي لإنجاز الكتاب بهذه الصورة التي أتمنى أن تحقق الأهداف المرجوة منه.

وأتوجه بكلمة شكر لمن قدموا لي الاستشارة والمعاونة في إعداد الكتاب على الكمبيوتر، وإخراجه بشكل جميل ومقروء.

وفي ختام هذه المقدمة أوجه كلمة شكر لكل من سيقرأ هذا العمل المتواضع، راجية أن يجد فيه بعض الفائدة التي تنعكس على مستوى البحوث التربوية ، لتزداد فعاليتها في تحقيق أهداف الباحثين ، وتمكنهم من الارتقاء بمستوى جودة بحوثهم. والهدف من كل ذلك أن يصبح للبحوث التربوية وتوصياتها وتوجيهاتها أثر فعال على مستوى التطبيق والتنفيذ العملي والميداني في مختلف مجالات التعليم والتربية.

وفقنا الله جميعا لما فيه الخير.

هيليوبوليس/القاهرة
يناير/٢٠٠٧   كوثر حسين كوجك

أولا

أخـطـــاء فى اختيــار مشـــكلة البحـــث

Choosing the Research Problem

لعـل أهـم مـا يشـغل بـال أى باحـث هو اختيار الموضوع الذى يجرى فيه بحثه سواء لدرجة الماجستير أو الدكتوراه .

وقـد يختلـف الوضـع فى حالـة الموضوعات التى تفرض على الباحث من القسم العلمى الذى ينتمى إليه ، أو فى حالة التقدم لإجراء

بحث معين معلن عنه من بعض الهيئات المتخصصة، وكذلك الأمر فى حالة بحوث الحركة ACTION RESEARCH ، وهـى البحـوث التـى يجريهـا المعلمون أو مـديرو المدارس لدراسة حالات أو مشكلات تواجههـم خـلال عملهـم اليـومى ، ويريـدون معرفة أسبابها أو إيجـاد حـلول لـها . ففى بحوث الحركة تفرض

الموضوعـات نفسهـا على الباحث ، ولا يمثل اختيار مشكلة البحـث أيـة صعوبـة
للباحث.

ولكن فى حالة حـرية الباحث فى اختيار موضوع البحث، فعـادة مـا يمر بمرحلة مـن
الحيرة والتردد قد تطول أياما وشهورا . وهذه الحالة من الحيرة والتردد هى ظاهرة
صحية لا ينبغى أن تسبب قلقا للباحث ، أو تقلل مـن ثقتـه فى نفسه وفى قدراتـه
البحثيـة بل على العكـس فإنهـا تعطيه الفرصـة لمزيد مـن القراءة والاطلاع عـلى
الجديد من الموضوعات و المشكلات فى مجال تخصصه ، كما تعطيه الوقت الكـافى
للتشاور مع الأساتذة والزملاء حول ما يدور فى ذهنه من أفكار، حتى يصل لقناعـة
كاملة بالموضوع وأبعاده وأهميته ، وما سبق أن أجرى فيه مـن بحوث ودراسـات،
وما يتطلبه من إمكانات وموارد مادية أو بشرية أو زمنية .

ومن السلوكيات الخطأ التى يقع فيها كثير من الباحثين عند اختيار مشكلة بحثيـة
هو التحمس لموضوع واحد معين، وأن يغلق تفكيره على هذا الموضوع ولا يعطى
لنفسه فرصة النظر فى احتمالات أخرى ، وموضوعات جديدة ، ومشكلات لم
يتناولها الباحثون من قبل . وقد يقوده ذلك إلى اختيار موضوع تقليدى مستهلك ،
ويحرمه مـن اختيـار موضوعات أخرى أكثر حداثـة وربمـا أكثر أهمية فى مجال
تخصصه.

ومما يساعد على حسن اختيار موضوع البحث أن يكون الباحث على دراية كاملة بالمجالات البحثية التى تقع فى إطار تخصصه التربوى ، وإلا فقد يختار موضوعا أو مشكلة تقع فى نطاق تخصص آخر، وهنا يضيع مجهوده ووقته سدى ، وقد يكون لذلك عواقب غير محمودة . ومثال على ذلك: زميل من قسم المناهج وطرق التدريس ، سافر فى بعثة للخارج للحصول على درجة الدكتوراه ، وهناك تاهت منه معالم الطريق ، وتخير موضوعا مهما ومفيدا ، وبذل فى بحثه جهدا متميزا وأنهى دراسته وحصل على الدكتوراه .

وعندما عاد إلى أرض الوطن ، وعرضت رسالته على لجنة علمية متخصصة للبت فى تسكينه فى القسم الذى ابتعث منه ، والذى كان هدفه وحلمه المنشود . وبفحص الرسالة اتضح للجنة أنها تعرضت لموضوع يدخل فى تخصص قسم أصول التربية ، ولا يضيف جديدا لمجال المناهج وطرق التدريس ، وكان القرار التوصية بتعيينه فى قسم أصول التربية حيث يكون عطاؤه أكبر .

ليس معنى ذلك أن تخصصات التربية منفصلة عن بعضها البعض ، أو أن كل منها يبحث فى موضوعات بعيدة كل البعد عن موضوعات التخصصات الأخرى ، فكلها قضايا ومشكلات ترتبط بالتربية والتعليم ، وكل ما يتضمنه هذا المجال الواسع من موضوعات هى بطبيعتها مترابطة ومتداخلة ومتكاملة .

ويـزداد التوجـه حاليـا إلى البحـوث البينيـة ، والبحـوث الجماعيـة التـى تتنـاول موضوعات متعددة الجوانب والأهداف ، وبدأت تذوب الفواصل بين التخصصات التربوية .

ولكن ، ونحن نتحدث عن اختيار موضوع للبحث العلمى فى التربية ، فالمفروض أن يضيف البحث جديدا لتخصص الباحث ، وإن كان من الممكن ، بل ومن الضرورى أن يتناول الباحث خلال بحثه موضوعات تنتمى للتخصصات التربوية الأخرى، على أن يتضح فى اختيار المشكلة أن الهدف الأكبر فى البحث هو تناول موضوع يمثل مشكلة فعلية فى مجال تخصص الباحث.

فهل يعرف الباحثون فى التربية حدود مجال تخصصهم ؟ وهل يستطيع أن يفرق كل باحث بين الموضوعات التـى تقـع فى إطار تخصصه ، والتـى تقع خارج هذا الإطار؟

مجالات البحوث التربوية:

مما سبق يتضح أن الخطأ الأول الذى قد يقع فيه الباحث هـو اختيار المشكلة البحثية التى يريد أن يتصدى لها من خارج تخصصه. هل تعلم أن اللجان العلمية الدائمة لترقية الآساتذة المساعدين والأساتذة تستبعد البحوث غير المرتبطة بتخصص الباحث المتقدم للترقية ؟؟.

وقد يكون مـن المفيد للبـاحثين أن نسـتعرض المجـالات البحثيـة فى التربيـة ، دون تقسيمها إلى فروع تربوية ونفسية.

تدور كل بحوث التربيـة حول مشكلات ترتبط بالموضوعات التالية:

- عمليات التعليم والتعلم بكل مكوناتها وعناصرها.

- قدرات المتعلمين المعرفية والمهارية .

- اتجاهات الطلاب وكيف تتكون وكيف تنمو .

- مكونات شخصية المتعلمين والمؤثرات التى تتدخل فى تشكيلها.

- استراتيجيات وطرق التدريس.

- مهارات التدريس.

- إعداد المعلم.

- المناخ المدرسى .

- حوافز التعلم والتفوق.

- الإدارة المدرسية.

- القيادة التربوية.

- دوافع التعلم.

- نظريات التعلم.

- أنماط التعلم.

- الفروق الفردية.
- طرق وأساليب التقييم والتقويم التربوى.
- المواد التعليمية بجميع أنواعها.
- المناهج الدراسية.
- التوجيه الفنى.
- الإرشاد النفسى.
- الإرشاد الأكاديمى.
- تاريخ التعليم.
- فلسفة النظم التعليمية.
- تعليم الأطفال.
- تعليم الكبار.
- مشكلات التعليم والتعلم.
- تعليم ذوى الاحتياجات الخاصة (الموهوبين والمعاقين).
- طرق تعليم وتعلم المواد الدراسية المختلفة.
- بناء وتنمية القيم والأخلاق.
- الأنشطة المدرسية.
- المواد والأنشطة الإثرائية.
- التكنولوجيا فى التعليم والتعلم.
- مستقبل التعليم.
- اقتصاديات التعليم.

- ربط التعليم والتعلم بالمستجدات العالمية.

- مقارنة نظم التعليم فى دول مختلفة.

- نظم التعليم فى عصور مختلفة.

- الأبعاد الاجتماعية للتعليم.

- المشاركة المجتمعية فى التعليم.

- شخصيات وآراء فى التربية ....

وغيرها من الموضوعات التى تضيف الجديد وتحل مشكلات ترتبط بالمنظومة التربوية والتعليمية فى جميع المراحل العمرية والدراسية.

خطأ خاص:

ومن الأخطاء الشائعة بين طلاب بعض التخصصات التربوية عند اختيار مشكلاتهم البحثية، أن يتخيروا مشكلات مرتبطة بالتخصص النوعى وليس بالتخصص التربوى. فنجد طالبا فى التربية الفنية مثلا يختار بحثا يدور حول مشكلة الطلاءات الخزفية وكيف يتوصل إلى نوع جديد من الطلاء له مميزات اقتصادية أو جمالية .... أو طالبا فى التربية الموسيقية يبحث فى تطوير آلة موسيقية معينة لزيادة قدرتها على عزف ألحان معينة.

والسؤال هنا هو:

هل هذه البحوث بحوث تربوية ؟ ولكى نجيب علىهذا السؤال علينا أن نجيب على السؤال التإلى:

هل تضيف نتائج هذه البحوث معلومات، أو هل تحل مشكلات تتعلق **بتعليم وتعلم** الخزف؟ أو في **تعليم وتعلم** العزف الموسيقى؟ قطعا لا ..إنها بلاشك بحوثا قيمة ومفيدة، ولكنها تنتمى إلى بحوث الفنون التشكيلية والموسيقية ولا تنتمى إلى بحوث تعليم تلك الفنون.

أخطاء أخرى يقع فيها الباحث عند اختيار مشكلة البحث:

والآن وقد استقر الباحث على المجال الذى يرغب البحث فيه ، واقترب من تحديد المشكلة التى اقتنع بوجودها وبأهميتها ، عليه التأكد من عدة أمور لكى يضمن إلى حد كبير نجاح البحث . ولعل أهم ما يفيد فى ذلك هو أن يتجنب الباحث الأخطاء التالية:

- ألا يمثل الموضوع المختار مشكلة بحثية فعلا

There is no Real Research Problem

فليست كل مشكلة هى مشكلة بحثية ، وقد يتصور الباحث - وخاصة الباحث المبتدئ- أن كل مشكلة يصادفها فى العملية التعليمية تصلح لتكون مشكلة بحثية . وهذا غير صحيح ؛ حيث نجد بعض تلك المشكلات لا تحتاج إلا لمجرد مزيد من القراءات والاطلاع على الأدبيات المرتبطة بهذا الموضوع ، أو يكفى أن تناقش (المشكلة) مع المتخصصين ليصلوا إلى حلول لها.

● ألا تكون المشكلة من الأهمية التى تستدعى إجراء بحث علمى حولها؟

The Problem is not that Important.

وفى هذه الحالة تكون المشكلة مشكلة بحثية فعلا ، ولكن هناك أولويات فى البحوث التربوية تجعل الباحث يختار موضوعا يستحق أن يبذل فيه الجهد والوقت الذى تتطلبه البحوث التربوية. وكثيرا ما نقرأ بحوثا أقل ما توصف به أنها تافهة ، وأن هذا الموضوع كان يكفيه مقالا فى جريدة يومية ....وما إلى ذلك من أوصاف تفيد أن المشكلة المختارة لم تكن مهمة بالقدر الكافى.

● أن تكون المشكلة من المشكلات التى تتطلب بحوث حركة :

The Problem Could be Handled by Action Research

وهنا تكون المشكلة واقعية وتمثل مشكلة بحثية فعلا ، ولكن حجم المشكلة وطبيعتها تتطلب إجراء بحث حركة (Action Research) سريع لا يتطلب كل القيود والشروط أو المدة الزمنية التى يحتاجها البحث التربوى الذى يستهدف الحصول على درجة الماجستير أو الدكتوراه .

● أن يتخير الباحث مشكلة ذات طابع شخصى:

The Problem is Very Personal

وفى هذه الحالة يكون البحث محدود النتـائج ولا يمكن تعميمه ، وبالتالى يكون الموضوع أو المشكلة غير مناسبة . وعلى الباحث أن يدرك أهداف البحوث التربويـة ، والتى من أهمها إمكانية تعميم نتائجها على مدى واسع يفيد العملية التعليميـة بشكل عام . وقد تعامل المشكلات على المستوى الشخصى معاملة بحوث الحركـة ، وكثيرا ما تكون نتائجها مفيدة نظرا لحماس الباحث لها، وإدراكه لأهمية المشكلة وأبعادها.

● أن يجبر الباحث على اختيار مشكلة غير مقتنع بها:

The Researcher was Forced to Choose the Problem

إن المشكلة التى يختارها الباحث سوف يتعامل معها لفترة زمنية قد تصـل إلى عـامين أو أكثر، ومن هنا نحذر أن يختار الباحث موضوعا لا يحبه أو يجبر على اختيار موضوع لا يقـع ضـمن اهتماماته وأولوياته إن هـذا الوضـع يـؤدى إلى أن يفقـد الباحث حماسـه للعمـل ، وتصـبح إجراءات البحث عملية غـير محببة إلى نفسه يؤديها دون اسـتمتاع أو لا يبـذل فيهـا أقصى- قدراته وإبداعاته . وتكـون النتـائج عـادة دون المسـتوى ولذلك نؤكد على أهميـة أن يحـب الباحث الموضوع الذى يتخيره .

● أن تكــون المشــكلة قـديمة و سـبق لبـحوث سابقـة أن تناولتها.

The Problem has been Researched Before

بمعنى أن على الباحث التأكد من أن الموضوع المختار لم تسبق دراسته بنفس الأهداف ، وبنفس المتغيرات ، وربما نفس الإجراءات فى بحوث سابقة ، وبالتالى لم يعد هناك داع لبحث آخر فى الموضوع ذاته أو المشكلة ذاتها .

وإذا تبين للباحث وجود دراسات سابقة فى الموضوع الذى اختاره ، فعليه أن يتأكد أن أسئلة البحث المقترح تختلف عن تلك البحوث ، وأن ألأهداف أيضا تختلف ، وكذلك متغيرات البحث وإجراءاته. وهنا يمكن للباحث المضى- قدما فى بحثه وهو يعرف تماما الفروق بين بحثه والبحوث السابقة.

- أن تكون المشكلة أكبر من قدرات الباحث وإمكاناته:

The Problem is beyond the Researcher's Capability

أحيانا يدفع الحماس الباحث لاختيار مشكلة مهمة وجديرة بالبحث والدراسة، ولكن قد تتطلب هذه المشكلة إمكانات مادية وبشرية أعلى من قدرات الباحث.

فقد تتطلب مشكلة ما فريق بحثى متكامل ومتعدد التخصصات ، وهذا لا يتناسب مع شروط بحوث الماجستير أو الدكتوراه . وأحيانا تتطلب مشكلة معينة سنوات طويلة لبحثها مما لا تكفيها السنوات المحددة لدراسة الماجستير أو الدكتوراه . أو قد يحتاج البحث لأجهزة ومعدات غير متوفرة ولا يمكن للباحث توفيرها .

وفى كل هذه الأمثلة وغيرها تكون فكرة البحـث ممتازة ، ولكنهـا لا تصلـح فى ظـل الإمكانات المتاحة لطلاب الدراسات العليا التربوية.

● إغفـال الباحث إجراء دراسة استطلاعية للتأكد من المشكلة:

The Researcher did not do a Pilot Study

فى حالات كثيرة يكـون مـن المفيد للباحث إجراء دراسة استطلاعية عـلى نطـاق محدود ، يتأكد من خلالها من وجود المشكلة فعلا، كما يتعرف بشكل عمـلى عـلى أبعاد المشكلة ومتغيرات البحث . وتفيد الدراسـة الاستطلاعية فى تعرف الباحث الصعوبات التى قد تواجهه أثناء إجراء البحث ، كـما يتحقـق مـن الحاجـة الفعليـة لإجراء البحث المقترح ، ومدى أهميته واحتمالات الإفادة من نتائجه.

وفى ضوء نتائج الدراسة الاستطلاعية يقررالباحث المضى ـ فى إعـداد خطة بحثه ، أو إدخـال بعـض التعـديلات عـلى فكـرة البحـث أو حـدوده أو أسـاليب التنـاول والإجراءات، أو قد يغير رأيه فى الموضوع ككل.

****

ثانيـــا

أخطـاء فى كتــابة خطــة البحــث

Pitfalls in Writing the Research Proposal

تعتبر خطة البحث بمثابة عقد بين الباحث والقسم العلمى والكلية والجامعة التـى يسجل فيها بحثه . وهناك شروط ومتطلبات معينة تحـددها كـل كليـة أو جامعـة ينبغى الالتزام بها بدقة. ونحن هنا نتكلم عن الأخطاء التى قد يقع فيهـا الباحـث بشكل عام ، وقد لا ينطبق بعض ما نعرضه على بعض الجامعات .

- تسرع الباحث فى كتابة خطة البحث :

To Write the Proposal in a Hurry

قد يكتب الباحث خطة بحثه قبل أن يكمـل دراسـته المتعمقـة للأدبيـات المرتبطـة بالموضـوع ، وقبـل الاطـلاع عـلى البحـوث والدراسـات التـى أجريـت أو تجـرى فى الموضوع . إن هذا التسرع هو مخاطرة تعرض الباحـث لكثـير مـن النقـد والهجـوم عندما يعـرض خطتـه . وإذا قبلـت الخطـة عنـد العـرض أى قبـل التسـجيل ، فـإن الباحث نفسه قد يكتشف بعض القصور فى بعض جوانب الخطة مما يمثل مشـكلة فى التنفيذ . ولمعالجة هذا القصور قد يحتاج الباحث إلى إجراءات قانونيـة وإداريـة تكلفه الكثير من الوقت

والمتاعب التى يمكنه أن يتجنبها إذا لم يتسرع فى كتابة خطة البحث .

● كتابة الخطـة قبل التأكد من توافر الإمكانات والمتطلبات اللازمة لإجراءات البحث :

To Write the Proposal before All Needed Resources are Available

وقد يكون ذلك أحـد مظاهر التسرـع ، ولكـن قـد يكـون أيضـا نتيجـة عـدم إدراك الباحث لهذه المتطلبات ، أو عدم تقديره لأهميتها ودورها فى البحث. فإذا لم يتأكد الباحث ـ على سبيل المثال ـ مـن تـوافر العـدد الكـافى مـن الأفراد الـذين يعتـزم اختيارهم كعينة لبحثه ، فإن ذلك يؤدى حتما إلى فشل البحث.

أتـذكر فى هـذا الصـدد أحـد البـاحثين كـان يخطـط لتجريـب اسـتراتيجية مقترحـة لتدريس بعض وحدات مقرر دراسى فى الصف السادس الابتـدائى ، ولم يـدرك أنه فى ضوء التطوير الحادث آنـذاك لم يعـد يوجـد صـف سـادس فى المرحلـة الابتدائيـة وأصبح الباحث فى موقف لا يحسد عليه. (ولم يكن القرار مفاجأة بين يوم وليلـة ، ولكن الباحث كان غارقا فى كتابة خطة البحث ولم يدرك ما يدور حوله).

● عنـوان البحـث:

The Research Title

كلنا نتفق أن عنوان البحث هو الواجهة التى تقابل القارئ ويتعرف منه على موضوع البحث ونوعه وأهدافه. كما يتعرف المتغيرات الرئيسة التى يتعامل معها الباحث.

ولذلك فمن الواجب أن يصاغ العنوان صياغة جذابة شائقة تشد اهتمام القارئ وتدل على محتوى البحث. ولكن بعض الباحثين يكتبون عنوانا طويلا مليئا بالتفاصيل غير اللازمة ، والتى يمكن أن تكون فى حدود البحث ، أو تتضح فى الإجراءات . كما يميل البعض إلى كتابة عنوان فضفاض الأبعاد وغير محدد فتضيع معالم البحث وهويته.

● مقدمــة خطـــة البحــث:

The Introduction

إن الهدف الرئيسى لمقدمة خطة البحث هو مساعدة القارئ على فهم المشكلة التى يتناولها الباحث ، وإقناعه بأهميتها فى المجال التربوى بشكل عام ، وفى مجال التخصص بشكل خاص.

وعادة يبدأ الباحث بعرض فكرة عامة عن الموضوع ، ثم يتدرج من العام إلى الخاص بصورة منطقية سلسة ، حتى يصل القارئ إلى الإحساس بالمشكلة وتعرف أهميتها ، حتى قبل أن يصل إلى قراءة تحديد الباحث للمشكلة . وتوصف المشكلة أحيانا بأنها مثل القمع أو المثلث المرتكز على إحدى زواياه بمعنى أنها تزداد تركيزا وتوجها حول المشكلة المختارة تدريجيا.

من الأخطاء الشائعة فى كتابة مقدمة خطة البحث أن يميل الباحث إلى العمومية الشـديدة التى قـد تشـتت القـارئ ، وأن يسـتخدم لغـة فضفاضة بعيـدة عـن الأسلوب العلمى الدقيق والمحدد الذى يجب أن يستخدم فى كتابة الخطة.

ولكى يوضح الباحث فكرة البحث وموقعـه عـلى الساحة العالميـة والمحليـة ، فإنه يستعرض بعض الأدبيات والبحوث التى تناولت الموضوع وذلك للتأكيد على أهميـة البحـث ، وهنا يجب أن يكون الباحث فى غاية الدقـة فى اختيار تلك المراجع حتى يحقق الهدف. ولكن بعض الباحثين يسيئون اختيـار تلك المراجع فقد يقدمـون مراجع غير مرتبطة بمشـكلة البحـث ، أو تكون مراجع قديمـة فـلا توضح أهميـة إجرائه فى الوقت الراهن .

وكما تعتبر الإطالة فى المقدمة من الأخطاء التى يقع فيهـا بعـض الباحثين ، كـذلك يعتبر الاختصار الشديد خطأ غير مستحب ؛ حيـث لا يسـمح للقارئ بفهـم أبعـاد المشكلة ، وموقعها فى الخريطة البحثية على المستوى العالمى أو المحلى.

● صياغة مشـكلة البحـث:

Specifying the Research Problem

لكى نتحـدث عن الأخطاء التى يقع فيهـا كثيـرون مـن طلاب البحـث العلمـى فى التربيـة ، علينا أن نتفق أولا على المقصود بهذا المصـطلح. إن مشـكلة البحـث هـى حـالة ، أو ظـاهرة يقابلها الباحث

فى عمله ، أو يتوصل لها مـن خلال قراءاتـه فى التربيـة بشكل عـام وفى مجـال تخصصه بالتحديد ، هذه الحالـة أو الظاهرة تمثل للباحث نقطة قصور فى العمليـة التعليمية ، أو يتنبـأ مـن خلالهـا باحتمـال حـدوث خلـل أو قصور فى المستقبل. ويترتب على ذلك إحساس بالضيق أو التوتر يـدفع الباحث إلى التفكير فى ضرورة البحث عن حـل أو عـلاج أو طريقة ما لمنع هذه الظاهرة وما ينتج عنهـا مـن آثار سلبية ضـارة، يرى الباحث أنها تخـل بمستوى جـودة أحـد جوانب العمليـة التربويـة .

وعند صياغة مشكلة البحث على الباحث أن يصف لنا هذه الحالـة أو الظاهرة بصورة واضـحة ومباشرة دون مبالغـة أو تهـوين. ويكـون الوصـف فى عبـارات تقريرية يفهم منها القارئ (المشكلة) التى واجهها الباحث ، ويريد أن يجد لها حلا من خلال البحث المقترح.

ولتوضيح بعض الأخطاء الشائعة فى صياغة مشكلة البحث نقدم المثال التالى:

> لاحظ باحث تدهورا واضحا فى أداء معلمى مادة دراسية معينة ، ممـا انعكس على مستوى التلاميذ فى هذه المادة مـن حيـث درجـات التحصيل ، وأيضـا فى تزايد اتجاههم السلبى نحو دراسة المادة .
>
> وفى ضوء قراءاته فى الأدبيات المتخصصة ، ونتائج دراسة استطلاعية قام بهـا ، قرر الباحث أن يصمم برنامجا تدريبيا لمعلمى هـذه المـادة ، وذلك فى ضوء نقاط الضعف الفعلية فى أدائهم التدريسى .
>
> كما قرر تطبيق البرنامج وقياس مدى تحسن أداء المعلمين ، على أن يتـابع المعلمين بعد التدريب لمعرفة مدى تحسن مستوى التلاميذ فى تحصيل هـذه المادة ، وأيضا مدى التغير فى اتجاهاتهم نحوها.

هيا نستعرض بعض الصياغات لهذه المشكلة :

<u>صياغة (١)</u>

تتبلور مشكلة البحث في السؤال الآتي :

ما أثر برنامج تدريبي مقترح على أداء معلمي مادة (كذا) وعلى تحصيل التلاميذ واتجاهاتهم نحو المادة؟

<u>صياغة (٢)</u>

تتبلور مشكلة البحث في تصميم برنامج تدريبي لمعلمي مادة (كذا) وقياس أثره على أدائهم ، وعلى مستوى تحصيل التلاميذ واتجاهاتهم نحو المادة .

<u>صياغة (٣)</u>

مشكلة البحث هي عدم وجود برامج تدريبية لمعلمي مادة (كذا) مما نتج عنه قصور في أداء معلمي هذه المادة .

<u>صياغة (٤)</u>

مشكلة البحث الحالي هي الكشف عن العلاقة بين أداء معلمي مادة (كذا) ومستوى تحصيل التلاميذ واتجاهاتهم نحو المادة .

صياغة (٥)

مشكلة البحث تتبلور في إجراء تجربة بحثية على مجموعة من معلمي مادة (كذا) لتحسين أدائهم التدريسي من خلال برنامج تدريبي يعد لـذلك . وقيـاس أثـر تلك التجربة على تحصيل التلاميذ واتجاهاتهم نحو المادة.

صياغة (٦)

إن المشكلة التي يحاول البحث الحالي أن يسهم في حلها هي تدني مستوى التلاميـذ في مادة (كذا) وتزايد اتجاهاتهم السلبية نحو المادة . كذلك وضوح ضـعف في أداء معلميهم في تدريس المادة، مما قد يكون له دخل في تدني نتائج التلاميذ .

****

باستعراض الصياغات السابقة يتضح لنا أن **الصياغة الأولى** هـى سؤال و ليست مشكلة ، والسؤال هو عن أثر برنامج تدريبي (لانعرف لماذا صمم هذا البرنامج وما الدافع وراء تصميمه ، ولا من الذى صممه) . كما يريد السؤال معرفة أثر البرنامج التدريبي على تحصيل التلاميذ واتجاهاتهم (وأيضا لا نعرف ما الذى دفع

الباحث ليسأل هذا السؤال) بمعنى (ما المشكلة التى أثارت اهتمامه وجعلته يريد معرفة هذا الأثر؟) .

أما **الصياغة الثانية** ففيها يقول لنا الباحث ما ينوى عمله فى هذا البحث ، فهو سيصمم برنامجا تدريبيا للمعلمين (لماذا...ما الذى أثار اهتمام الباحث أو لفت نظره فى العملية التعليمية مما دفعه للتفكير فى تصميم برنامج تدريبى ؟ بمعنى ...أين المشكلة؟ .

وبالنظر إلى **الصياغة الثالثة** نجد الباحث (زعلان) لعدم وجود برامج تدريبية ....فما سبب هذا الزعل؟ وما الأضرار التى نجمت عن عدم وجود برامج تدريبية ؟ وهل نجمت خسائر أو أضرار أثرت على العملية التعليمية مما أثار غضب الباحث ؟ فإذا لم ينتج عن غياب هذه البرامج أية أضرار ، فلا تكون هناك مشكلة .!!

وفى **الصياغة الرابعة** وجه الباحث اهتمامه للكشف عن العلاقة بين مستوى أداء المعلم ومستوى تحصيل التلاميذ ، وهى محاولة طيبة ومهمة . ولكن هل هذه هى المشكلة التى واجهت الباحث فى المثال السابق؟ قطعا لا . وإذا كان الهدف هو الكشف عن هذه العلاقة فهل من الضرورى أن يصمم الباحث برنامجا تدريبيا ، أم أنه من الممكن معرفة هذه العلاقة بطرق أخرى لا ترتبط بالموقف الذى نناقشه فى المثال السابق.

وفى **الصياغة الخامسة** يقول الباحث أن مشكلة البحث هى إجراء تجربة ! ! فلماذا أصبح إجراء تجربة بحثية مشكلة ؟؟ إن إجراء

تجربة هى جزء من إجراءات البحث الذى يجريه الباحث لكى يحاول إيجاد حل لمشكلة معينة ....فكيف تكون تجربة البحث هى المشكلة؟؟؟

أما فى **الصياغة السادسة** فيشرح لنا الباحث أن هناك خللا مقلقا فى العملية التعليمية وهو انخفاض مستوى التلاميذ فى مادة (كذا) وامتد هذا الخلل إلى انخفاض واضح فى اتجاهاتهم نحو المادة . ويقول الباحث أنه لاحظ تدنيا فى مستوى أداء معلمى هذه المادة مما قد يكون أحد أسباب فشل التلاميذ . وقرر الباحث أن يتصدى لهذه الظاهرة والتى اعتبرها مشكلة بحثه .

وكان من الممكن أن يسلك الباحث مسلكا مغايرا تماما عن فكرة تدريب المعلمين ، وتتبع أثر هذا التدريب على مستوى التلاميذ. فمثلا كان من الممكن أن يركز على تصميم مواد تعليمية مساعدة يتغلب بها على ضعف أداء المعلمين ، ويبحث عن فعالية هذه المواد التعليمية وأثرها على مستوى التلاميذ .

بمعنى أن المشكلة واحدة ولكن مداخل تناولها تتعدد وتختلف من بحث إلى آخر. ويتضح أسلوب ومدخل تناول المشكلة من خلال ما يطرحه الباحث من أسئلة ، وبالتالى من الإجراءات التى يتبعها فى الإجابة عن تلك الأسئلة.

أرجو أن تكون الفروق قد اتضحت بين ما يعتبر (مشكلة بحث) وما ليس كذلك .

● أســـئلة البحـــث :

The Research Questions

يتبع تحديـد مشـكلة البحـث فى كتابـة الخطـة مجموعـة مـن الأسـئلة التـى يـرى الباحث أن الإجابة عنها هى وسيلته للتوصل لحلول محتملة لمشكلة البحث.

ونؤكد هنا على أن المشكلة قد تكون واحدة فى أكثر من بحث ، ولكن الأسـئلة التـى يتصدى الباحث للإجابة عنها هى التى تميـز تخصـص الباحـث ، وتوضـح مـا الـذى ينبغـى عـلى الباحـث أن يجريـه مـن إجراءات للتوصل إلى حلـول ممكنـة لهـذه المشكلة.

مثـال: لـو أن المشـكلة تتعلـق بالزيـادة السـكانية ، وتأثيرهـا الضارعلى التنميـة فى المجتمع.

فقد يختار باحث تربوى ، أن يبحـث عـن أفضـل الاسـتراتيجيات التعليميـة ، التـى يمكن من خلالها أن ننمى وعى عينة من المترددات على فصول محو الأمية ، بأضرار زيادة عدد أفراد الأسرة .

بينما يتصدى باحث طبيب للمشكلة نفسـها مـن خـلال محاولـة التوصـل لطريقـة آمنة وناجحة لتنظيم النسل .

وبالقطع سوف تختلف أسئلة كل منهما ، كما سوف تختلف الإجراءات .

ويحدث هذا أيضا فى التخصصات التربوية المختلفة .

<u>ما الأخطاء الشائعة فى البحوث التربوية والخاصة بأسئلة البحث ؟</u>

● أسئلة إجابتها معروفة مسبقا:

كثيرا ما نقرأ أسئلة فى خطة البحث ولا نقبلها كأسئلة بحثية. فمن المعروف أن سؤال البحث لا تكون إجابته معروفة قبل انتهاء الباحث من بحثه ، والتوصل بنفسه إلى هذه الإجابة .

فمثلا يسأل الباحث :

- ما أسس تصميم برنامج تعليمى ؟
- ما خصائص نمو طفل الروضة ؟
- كم عدد طلاب التعليم الفنى ؟
- ما المقررات التربوية التى يدرسها طلاب كليات التربية ؟

كل هذه الأسئلة وما شابهها ليست أسئلة بحثية لأن إجابتها معروفة وموجودة فى المراجع المتخصصة . ويمكن لمن يريد أن يحصل على إجابتها دون إجراء بحث .

وعند صياغة أسئلة البحث على الباحث أن يسأل : هل يمكننى إيجاد إجابة هذا السؤال الآن ، أى قبل أن أنتهى من بحثى ؟ فإذا كانت الإجابة نعم ، فيجب إلغاء السؤال .

● الأسئلة التى تبدأ بـ (هل)
مثال:

- هل توجد فروق بين نتائج البنين والبنات؟

- هل ينجح البرنامج التدريبى المقترح فى رفع مستوى أداء المعلمين؟

- هل توجد مشكلات فى تطبيق نظام الساعات المعتمدة ؟

والإجابات المتوقعة عن السؤال الأول هى :

- نعم توجد فروق .....أو لا (لاتوجد فروق) .

- ولكن ما قيمة هذه النتيجة ؟ وما نوع الفروق ؟ ومن كانت نتيجتهم أفضل ؟ وما دلالة هذه الفروق ؟ و ما أسباب هذه الفروق ؟ ما مدى هذه الفروق ؟

- فى أى المجالات اتضحت هـذه الفروق ، وفى أى الموضـوعات كانـت الفـروق كبيرة ، وفى أيها كانت الفروق طفيفة ؟ .....

وهكذا يتضح أن الإجابة عن السؤال الذى يبدأ بـ (هل) لا تعطى هـذا التحليـل ولا تعطينا صورة واضحة لكل هذه الأبعاد ، وبالتالى فهى إجابة منقوصة ، وغير مفيدة فى تفسير ظاهرة معينة يريد الباحث أن يغوص فى دراستها وبحثها ، ليخرج بنتـائج واضحة ، نتائج دقيقة ، نتائج يمكن تعميمها .

وإذا نظرنا إلى إجابة السؤال الثانى أو إجابة السؤال الثالث ؛ نستطيع أن نفكر بالمنطق ذاته ، ونصل إلى أن الإجابات تكون قاصرة ولا تحقق أهداف البحث العلمى بشكل عام .

لعلك تجرب بنفسك محاولة الإجابة عن هـذين السؤالين بنفس الأسلوب الـذى تناولنا به إجابة السؤال الأول ، لتصل إلى قناعة بتجنب استخدام أسئلة (هل) ضمن أسئلة البحث التربوى.

● الأسئلة المركبة :

من المفضل أن يـدور كـل سـؤال مـن أسـئلة البحث حـول فكـرة واحـدة واضحـة ومحددة . وعلى الباحث تجنب صياغة أسئلة مركبة ، يتطلب الإجابـة عـن السؤال الواحد منها ، الإجابة عن أجزاء متعددة داخل السؤال .

ومن الأخطاء الشائعة بين الباحثين استخدام تلك الأسئلة المركبة، ونقـدم فيمـا يلى بعض الأمثلة :

● إلى أى مدى يتأثر تحصيل التلاميذ من أعمار مختلفة باتجاهات وآراء معلمـيهم ، وأولياء أمورهم نحو أهمية التعليم؟

● ما العلاقة بين محتوى برامج إعداد المعلم، والخلفية الاجتماعية لهم ، ومستوى أدائهم التدريسى ، وإدارة الفصل ؟

لاشك أن هذه الأسئلة مهمة ، وهـى أسـئلة بحثيـة . وقد نتفق أنها أسـئلة يمكن للبحث إجابتها . ولكن كل سؤال من هذه الأسئلة هو

فى الواقع مجموعة من الأسئلة ولكى يستطيع الباحث إجابة السؤال يجب عليه أن يحلل كل سؤال إلى عدة أسئلة وسوف يتضح له الأسلوب الذى يمكن من خلاله التوصل إلى الإجابة ، كما أنه سوف يضع فرضا لكل سؤال ، وسوف يخطط إجراءات بحثه بناء على ذلك .

حاول أن تحلل كل سؤال من السؤالين السابقين إلى مجموعة أسئلة بحثية .

- **الأسئلة الطموحة :**

والمقصود هنا الأسئلة التى تتعدى قدرات الباحث وإمكاناته . فينبغى أن يصيغ الباحث أسئلته فى حدود إمكاناته المادية والزمنية .

ومن أجل ذلك تتضمن خطة البحث عنصرا مهما هو حدود البحث ، وهى تساعد الباحث أن يصيغ أسئلته فى ضوء هذه الحدود.

- **الأسئلة غير المرتبطة :**

نقرأ أحيانا فى بعض الخطط البحثية أسئلة لا علاقة لها بالمشكلة التى تخيرها الباحث. ويجد القارئ نفسه يتساءل ، ما علاقة هذا السؤال بالبحث المقترح؟ ولماذا يريد الباحث معرفة هذه الإجابات ؟

فإذا لم تكن هناك علاقة واضحة ومفيدة للباحث، فـلا داعـى لهـذا السـؤال أو مـا يشابهه.

أخطـاء شـائعة فى صياغة فروض البحـث :

The Research Hypotheses

فروض البحث هى تصور لإجابات أسئلة البحث ، يتوصل إليهـا الباحـث بنـاء علـى قراءاته فى الأدبيات والدراسات والبحوث المرتبطة بمشـكلة البحـث . فهـى إجابـات ذكية مدروسة ومؤسسة على ركائز منطقية ومؤشرات علمية.

ومن الأخطاء الشائعة فى كتابة فروض البحث ما يلى :

- أن يكتفى الباحث بأسئلة البحث ولا يضع فروضا.

ونود هنـا أن نسـتدرك هـذا التحـذير بتوضـيح أن بعـض البحـوث التاريخيـة وكذلك البحوث الاستكشافية يمكن فيهـا الاكتفـاء بالأسـئلة ؛ حيـث لا تتـوافر لدى الباحث المعلومات التى تمكنه من صياغة فروض.

- أن يتسرع الباحث فى صياغة فروض غير مؤيدة بأسس علمية .

- أن يضع الباحث فروضا تتعارض مع المتعارف عليه فى الأدبيات المرتبطة .

- أن يضع الباحث فروضا لبعض الأسئلة ويهمل أسئلة أخرى.

مثال:

أحد أهم الأسئلة فى بحث ما هو :

- ما التصور المقترح لبرنامج ....؟

ويليه السؤال التالى :

- ما فعالية البرنامج المقترح...........؟

ثم يليه سؤال عن نتائج التلاميذ الذين درسوا البرنامج.......

ويليه سؤال يقارن بين نتائج المجموعة التجريبية والمجموعة الضابطة.

وعند صياغة الفروض يهمل الباحث السؤال الأول ، وأحيانـا يهمـل السـؤال الثـانى ، ويبدأ فى وضع فروض لأسئلة الجزء التجريبى فى البحث فقط.

- استخدام الفروض الصفرية :

وفيها يفترض الباحث أنه لا توجد فروق بين نتائج المجموعات البحثية. و يفضل أن تستخدم هذه الفروض الصفرية عند التحليل الإحصائى للبيانات ، وذلك لضمان الموضوعية وتجنب الانحياز للمجموعة التجريبية .

ولكن استخدامها فى خطة البحث ، أى قبل إجراء البحث فليس من المنطق فى شئ . فما معنى أن يكون الباحث يريد أن يجرب استراتيجية مقترحة بهدف تحسين أداء التلاميذ ، وتطوير اتجاهاتهم نحو المدرسة ......ثم يضع فرضا ينص على أنه:

● لا توجد أية فروق جوهرية بين نتائج من سوف يدرسون بالاستراتيجية المقترحـة ومن سوف يدرسون بالطريقة المعتادة.

فإذا كان هذا هو توقع الباحث ، فلماذا يتعب نفسه ويجرى هذا البحث؟؟

ولذلك نقول إن الفروض في خطة البحث تكتب إيجابية موجهـة . وأثنـاء إجراءات البحث ، عند مرحلة تحليل البيانات تحول إلى فروض صفرية. وقد نشـبه الفـروض الصفرية في البحث التربوى بالمقولة المشهورة في القانون" المـتهم بـرئ حتى تثبـت إدانته" بمعنى أنه لا يمكن الحكم على وجود فروق أو وجـود علاقـة بـين متغيـرات البحث إلا إذا ثبت بالفعل عن طريـق التحليـل الإحصائى وجـود هـذه الفـروق أو هذه العلاقة.

أخطاء في توضيح حدود البحث :
Delimitations & Limitations of the Research

من العناصر المهمة في خطة البحث ، توضيح الحدود التى سوف يعمل الباحث في إطارها . هذه الحدود تكون من اختيار الباحث ، ويكـون لهـا مبرراتهـا وأهـدافها. ويطلق عليها باللغة الإنجليزية DELIMITAIONS .

ومن المعروف أن حدود البحث قد تكون :

- **حدودا عددية** : ويصف فيها الباحث أرقاما محددة مثل : أنـه سوف يطبـق تجربة البحث فى خمسين مدرسة ، أو أن عينة البحث سوف تتكون مـن مائـة وخمسين تلميذا وتلميذة ......

- **حدودا مكانية** : وفيها يوضح الباحث أين سيجرى البحث المقترح . بمعنى فى أى دولة ، فى أى محافظة ، فى أى إدارة تعليمية ، فى أي مدرسة ..... الخ .

- **حدودا زمنية** : ويشرح لنا الباحث أنه سوف يتناول فترة زمنيـة معينـة ، أو أن بحثه سوف يستغرق فترة زمنية محددة ... وهكذا.

- ووفقا لنوع البحث وأهدافـه تكون أهميـة توضيح هـذه الحـدود . وأحيانا تفرض طبيعة البحث توضيح حدود أخرى . وإغفـال توضيـح هـذه الحـدود يعتبر من الأخطاء الشائعة فى البحوث التربوية .

أما إذا تدخلت بعض العوامل التى تفرض على الباحث أوضاعا معينة ، مثلا ، عـدم توافر أعداد كافية من الأفراد المطلوب العمل معهـم فى هـذا البحـث ، فيضطر الباحث للعمل مع عينة صغيرة مما يقلل من قيمة النتائج .....أو أن الباحث مضطر لاستخدام الاستبيان البريدى لتجميع البيانات المطلوبة ؛ ومن المعروف أن الاستجابات على الاستبيان البريدى لا تكون صادقة بدرجة كبيرة، وهـذا يـؤثر علـى مدى صدق النتائج ....أى أن هذه العوامل تكون خارجة عن إرادة الباحث، ولكنها عوامل حاكمة فى أبعاد البحث

ونتائجـه ، و تمثـل لـه قصورا لا يستطيع الباحث تجنبه ، فيطلـق عليهـا :

LIMITATIONS

<u>مسـلمات البحث</u>:

Research Assumptions

يستند أى بحث تربوى على مسلمة أو أكثر ، فى ضوئها واستنادا اليها يختار الباحث المشكلة ، ويحدد أسئلته ، ويضع فروضه ثم إجراءاته . والمسلمة هى حقيقة علمية ثبتت صحتها من خلال العديد من البحوث والدراسات السابقة ، ولا تكون موضـع شك أو تساؤل .

فمثلا إذا كان الباحث بصدد تجريب استراتيجية معينة ليكشف عن مدى فعاليتها فى تغيير سلوك الطلاب، فإنه بالقطع مرتكز على مسلمة تؤكد أن سلـوكيات الفـرد قابلة للتغيير . ويقتصر دور الباحث هنا على اكتشاف وسيلـة معينـة لإحداث هـذا التغيير . أما إذا كانت فكرة أن السلوك ممكن تغييره مـا زالـت موضـع شـك ، ومـا زالت البحوث تحاول التأكد من صحة هذه المقولة ؛ بمعنى أنها مازالت تعتبر فرضا مطلوب إثبات صحته   فإن هذه العبارة لا يمكن اعتبارها حقيقة مؤكدة ، وبالتـالى لا تكون مسلمة فى البحوث العلمية التربوية . وعلى الباحث التأكد مما يتبناه مـن مسلمات لبحثه ، يستمد منها قوة ، ولا تعرض بحثه للتشكيك.

<u>أخطاء تحدث أحيانا عند تعريف مصطلحات البحث</u> :

Definition of Terms:

يهدف هذا العنصر من عناصر خطة البحث إلى حماية الباحث ، مثله فى ذلك مثل توضيح حدود البحث . فعندما يوضح الباحث حدود بحثه فهو يعلن حدود مسئوليته ولايجب أن يسائله أحد خارج إطار هذه الحدود .

وعندما يحدد الباحث للقارئ ما المقصود فى هذا البحث بكل مصطلح يستخدمه ، فإنه أيضا يمنع أى سوء فهم أو ترجمة خطأ لمعنى مصطلح لم يقصده ، حيث قد أوضح فى تعريفه للمصطلحات كيف استخدم المصطلح فى بحثه .

ومن الأخطاء التى يقع فيها بعض الباحثين فى تعريف المصطلحات ما يلى :

- أن ينقل تعريفا بعيدا عن المعنى المطلوب فى بحثه.
- أن يسرد مجموعة تعريفات مختلفة ولا يستقر هو على المعنى الذى يتبناه في بحثه ، فعلى الباحث أن يستعرض الاستخدامات المختلفة للمصطلح موضحا الفروق بينها، وينتهى بتبني تعريف من هذه التعريفات ، وتكون صياغته معبرة عن المعنى المقصود فى البحث الحإلى .
- تبنى تعريفات من مصادر غير معروفة وغير مشهود لها بالدقة العلمية .

- الإكثار مـن المصطلحات بـدون داع حيـث إن كثير منهـا أصبـح بـديهيات لا خلاف عليها .

الخلط بين أهداف البحث وأهميته :

Objectives & Significance of the Research

ولمساعدة الباحث فى التمييز بين أهداف البحث وأهميته نقول:

- إن أهداف البحث هى النتائج التى سوف يحققها الباحـث عنـد انتهائـه مـن البحث .

- أما أهمية البحث فهى ما يمكن أن يترتب على نتائج البحث من فوائد ، ومـا يمكن تعميمه لصالح العملية التعليمية فى مجال مشكلة البحث .

فإذا عدنا إلى المشكلة الافتراضية التى طرحناها فى صفحة (٢٠) عنـد الحـديث عـن مشكلة البحث ، يمكننا أن نقول :

إن هدف البحث هو :

- تحسين مستوى تحصيل التلاميذ واتجاهاتهم .

ويمكننا القول إن تحسين أداء المعلمين كان وسيلة .وإن بناء البرنامج التدريبى كـان أيضا وسيلة .

فما أهمية هذا البحث ؟

● أهمية البحث تتبلور في المشاركة في تحقيق جودة التعليم ، والارتقاء بمستوى التلاميذ واتجاهاتهم نحو التعلم .

● في حالة نجاح البحث في تحقيق أهدافه ، فإنه من الممكن تعميم هـذه النتائج على مـواد دراسـية أخـرى ، كـما يتضـح للمسئولين أهميـة تـدريب المعلمين ، وتخطيط برامج مماثلة لما ثبت نجاحه في البحث الحـالي. وبهذا يكون البحث قد أسهم بفعالية في تطوير التعليم .

ولذلك ننبه الباحثين لعدم الخلط بين هذين العنصرين عند كتابة خطة البحث .

أخطاء ترتبط بشرح منهج البحث وإجراءاته :

Methodology and Procedures of the Research

يعتبر هذا العنصرمن أهـم عنـاصر خطـة البحـث ، وهـو الجـزء الـذى يشـرح فيـه الباحث للقارئ كيف يعتـزم تنفيـذ البحـث المقترح . ولابـد أن يكون الشـرح هنا واضحا ومحددا دون الدخول في تفاصيل ليس مكانها خطة البحـث . فالهـدف هنا هو أن يفهم القارئ ما يلى:

● كيف سيجيب الباحث عن كل سؤال من أسئلة البحث ؟

● ما منهج البحث الذى سوف يستخدمه ؟

● ما ترتيب مراحل البحث وخطواته ؟

● كيف سيتم تجميع البيانات المطلوبة ؟

●

● كيف سيتم اختيار عينة البحث ؟

● ما الأدوات البحثية التى سوف يعدها ، وكيف ؟

● ما المعالجات الإحصائية التى سيطبقها ؟

● من سيقوم بكل خطوة من خطوات البحث ؟

● ما الخطة الزمنية المقترحة للسير فى خطوات البحث من البداية للنهاية ؟

بمعنى أن الباحث يحكى لنا حدوتة متتابعة ومكتملة فى سلاسة ومنطق لكل ما سوف يقوم به لإنجاز البحث المقترح . وبقدر اكتمال هذه الحدوتة يكون الباحث قد نجح فى كتابة هذا الجزء من خطة البحث .

ولكن هناك أخطاء يقع فيها الباحث فى هذا الجزء من خطة البحث ، لعل من أكثرها شيوعا ما يلى :

● إغفال شرح بعض مراحل البحث .

● الترتيب غير المنطقى لخطوات البحث .

● الخوض فى تفاصيل بعض إجراءات البحث ، واختزال البعض الآخر.

● إغفال وضع خطة زمنية تحدد مراحل البحث وتتابعها ، وطرق متابعتها وتقييمها أولا بأول. ومن نماذج هذه الخطة ما يعرف بمصطلح (بيرت)

خطة متابعة وتقييم إجراءات البحث: PERT

Planned Evaluation and Review Technique

ومن فوائد هذه الخطة أنها:

(ا) تمكن الباحث من رؤية العلاقات المتشابكة أو المتتابعة فى البحث ونوع هذه العلاقات.

(٢) متابعة مدى تقدمه وتعرف الإجراءات الواجب الإسراع فيها أو تغييرها حتى يتم البحث فى الوقت المخطط له.

(٣) تعرف أو توقع أية صعوبات أو مشكلات يمكن أن تؤثر على البحث .

وحيث إن هذا الخطأ من أكثر الأخطاء شيوعا فى البحوث التربوية مما قد يرجع لعدم معرفة خطوات إعداد هذه الخطة ؛ فقد رأيت أن أشرحها هنا باختصار.

أولا:

يحدد الباحث الأهداف الكبيرة التى يريد أن يحققها فى البحث ، ثم يحدد الأهداف المرحلية التى عليه تحقيقها لكى يصل إلى كل هدف من الأهداف الكبيرة .

فمثلا لو أن الباحث يهدف إلى معرفة العلاقة بين اتجاهات التلاميذ وتحصيلهم ، فهو يحتاج أولا أن يتعرف اتجاهات التلاميذ

(ويمثل ذلك هدفا مرحليا) ، وعليه أيضا أن يتعرف مستوى تحصيل التلاميذ (ويمثل ذلك هدفا مرحليا) ، ولكى يتعرف اتجاهات التلاميذ عليه أن يعد المقاييس المناسبة لذلك (ويصبح ذلك هدفا مرحليا فرعيا) ، وكذلك إعداد مقاييس التحصيل (يصبح هدفا مرحليا فرعيا) ..وهكذا.

ثانيا :

بعد تحديد الأهداف الكبيرة والأهداف المرحلية و الأهداف الفرعية وما تتطلبه من إجراءات للمشروع البحثى بكامله ، يبدأ الباحث فى تصميم خريطة شبكية يوضح فيها تتابع هذه الإجراءات من أول يوم فى البحث وحتى آخر مرحلة فيه .

سوف يلاحظ الباحث أن هناك إجراءات يجب إجراؤها على التوازى ، وهناك إجراءات سوف تتم على التوالى ، أى متتابعة. وعليه أن يظهر ذلك فى الخريطة الشبكية .

ثالثا:

يحدد الباحث الزمن اللازم لتحقيق كل هدف ، ومن السهل أن يقدر الزمن اللازم لإجراءات تحقيق الأهداف الفرعية والمرحلية، ومن هذه التقديرات يمكنه أن يصل إلى تقدير الزمن اللازم لتحقيق كل هدف من الأهداف الكبيرة . على الباحث ألا يكون شديد التفاؤل ، أو شديد التشاؤم بالنسبة لتقدير الوقت اللازم . ويفضل

أن يضع تصورا مرنا لكل خطوة أى يضع مدى (من ـ إلى ـ) أسبوعا ، فهذا أكثر أمانا وواقعية .

رابعا:

يحول الباحث هذه التقديرات الزمنية إلى شهور وأسابيع فعلية على النتيجة، فيصبح أمامه خريطة تفصيلية لخطوات البحث ومواعيد تنفيذها ، ومواعيد تحقيق كل هدف ، حتى الانتهاء من كتابة الرسالة إستعدادا للمناقشة .

وهكذا يتمكن الباحث من ضبط نشاطه أولا بأول ، والقيام بكل خطوة فى الوقت المخطط لها .

كما يمكنه مراجعة هذه الخريطة لتقييم ما تم إنجازه ، ويتعرف أية معوقات أو صعوبات ليواجهها بالشكل المناسب وفى الوقت المناسب

<u>المراجع والمصادر التى استعان بها الباحث فى كتابة الخطة</u>

Resources and References Used

لاشك أن الباحث قد رجع إلى العديد والعديد من المراجع ، وقرأ وحلل الكثير من البحوث والدراسات لكى يختار مشكلة بحثه ، ويحدد أبعادها

وحدودها، ثم تقرير مناهج البحث التى سوف يستخدمها والإجراءات التى سوف يتبعها. ولا شك أيضا أن بعض هذه المراجع كان مرتبطا ومفيدا للباحث، والبعض لم يكن على نفس الدرجة من الارتباط والفائدة.

وعند كتابة خطة البحث يتصور بعض الباحثين أن عليه أن يسجل جميع ما وقعت عليه عينه من مراجع ومصادر ، وهذا

خطأ شائع علينا أن ننتبه اليه . فالباحث قرأ وسوف يقرأ مئات المراجع ، ولكن فى خطة البحث ، عليه أن ينتقى ويسجل فقط تلك المراجع التى استعان بها فعلا فى كتابة خطة البحث، وليس قائمة بما قرأه فى الموضوع بشكل عام .

أما الأخطاء الشائعة فى طريقة كتابة المراجع فسوف نتناولها عند التحدث عن كتابة الرسالة. ونكتفى هنا بالتأكيد على ضرورة اتباع نمط واحد فى كتابة المراجع .

يوم العرض المنتظر: The Seminar

من المتبع فى معظم كليات التربية أن يقدم الباحث خطة بحثه المقترحة أمام سيمينار القسم المتخصص؛ وذلك ليستفيد الباحث من آراء ومقترحات جميع أعضاء القسم ، وأيضا ليستفيد كل طلاب

الدراسات العليا من المناقشات التى تدور خلال هذا التجمع العلمى العظيم.

وهناك مجموعة إجراءات لابد أن يلتزم بها الباحث قبل السيمينار حتى يحصل على أكبر قدر من الإفادة والدعم فى هذا اليوم. فمـن المهـم أن يستشير الباحث أساتذة القسم وغيرهم فى الموضوع الـذى اختـاره، كـما يشارك زملاءه فى الفكرة وأهميتها، فغالبا ما يكون لديهم ما يفيده فى هذه المرحلة.

<u>من الأخطاء التى يقع فيها بعض الباحثين فى هذا المرحلة:</u>

● أن يتسرع الباحث فى تحديد يوم العرض على السيمينار قبل أن يكون مستعدا تماما لهذا العرض.

● أن يهمل فى مشاركة أكبر عـدد مـن الأسـاتذة واستشـارتهم ليكونـوا عـلى عـلم بالموضوع قبل يوم العرض.

● أن يقدم الخطة فى وقت متأخر لا يسمح بالاطلاع عليها ودراستها دراسة كافية.

● ألا يهتم الباحث بشكل الورقـة المقدمـة مـن حيـث تنسـيق الكتابـة ، ووضـوح العناوين ، ومناسبة الخطوط المستخدمة، مما يساعد على حسن المتابعـة وفهـم خطة البحث بسهولة.

● تكاسل الباحث في الاستعانة بطرق عرض توضيحية تسهل له العرض، وتسهل على المستمعين (خاصة من لم يتسلموا نسخا من الخطة) المتابعة والفهم.

● عدم العناية الكافية بإعداد المكان والتجهيزات اللازمة للعرض.

● عند الوقوف أمام السيمينار فعلى الباحث أن يكون هادئا ويقدم نفسه بهدوء ويبدأ في تقديم خطة البحث دون اللجوء للقراءة الحرفية من الورقة، فهذا يعطى انطباعا بعدم الثقة بالنفس وأيضا بالموضوع الذى يقدمه.

● من الأخطاء الشائعة عند الباحثين عدم وضوح الصوت ومخارج الألفاظ مما يصعب معه متابعة وفهم ما يقول، كذلك السرعة الزائدة في الكلام التى تفقد المعنى. والمطلوب التأنى في الإلقاء والتأكد من متابعة المستمعين لما يقول. وهنا نؤكد أن الاستعانة بوسائل عرض جيدة يفيد في التغلب على هذا القصور.

● وإذا استخدم الباحث شفافيات فيجب ألا تكون نسخة من صفحات الخطة، فتصبح غير مقروءة بالمرة. ويجب عليه إعداد شفافيات واضحة ومختصرة ومعدة خصيصا لأغراض العرض.

● نفس الملاحظـة السـابقة نكررهـا فى حالـة استخدامـه بـاور بوينـت، فـلا تكـون الصفحات مزدحمة بالكتابة، ويكتفى بنقاط أساسية لتوضيح عناصر الموضوع، ويتولى الباحث الشرح والتعليق عليها.

● الأخطاء فى اللغة وتشكيل الحروف كثيرا ما يفقد المعنى، وتكون مثارا للتعليقات من المستمعين.

● ليس من المفروض أن يقرأ الطالب كـل مـا ورد فى الخطـة كلمـة بكلمـة، ولكنـه يعرض الخطة بشكل مختصر دون إهمال للعناصر الأساسية بها.

● عندما تبدأ المناقشة، على الطالب توقع الكثير مـن الآراء المختلفـة، فـلا يتوقع موافقة إجماعية مـن المسـتمعين، وعليه الاستماع بـاحترام لكـل الآراء، ويمكنـه طلب مزيد من الإيضاح من صاحب الرأى أو التعليق.

● من أكبر الأخطـاء أن يغضـب الطالـب مـن التعليقـات ، حتـى وإن كانـت تثـير الغضب أحيانا ! ! فعليه الاحتفاظ بهدوئه ولا يستثار.

● على الطالب أن يقنع نفسه أن كل من يتحدث يريد أن يسـاعد، ولكـن البعـض يريد أن يستعرض أمام الآخرين، والبعض يريد أن يتكلم لمجرد الكلام ، والبعض لا يعلم الكثير عن الموضوع أو المشكلة التى يتناولها البحث ، وقد تنبع تعليقاته من هذا

الجهل بالموضوع...ويحاول الطالب الاستفادة من كل تعليق دون تعليق.

● يجـرى الباحـث التعـديلات التـى تـم الاتفـاق عليهـا فى السـيمينار بكـل أمانـة، وتعرض الخطة على المجالس المتخصصة فى الكلية وفى الجامعة ليتم تسـجيلها و تعيين لجنة للإشراف ومتابعة سير البحث.

****

ثالثا

أخطاء شائعة فى اختيار و تصميم منهج البحث

Pitfalls in Choosing the Research Design & Methodology

والآن نقول ألـف مـبروك فقـد تمـت الموافقة على خطة البحـث ، وتـم تسجيله رسميا والمفروض أن يبدأ الباحـــث فى تنفيـــذ خطـــوات وإجـــراءات بحثـه كـما وردت فى خطة البحث

فما الأخطاء التى يقع فيها بعـض الباحثين فى هذه المرحلة ؟؟

<u>أسباب الأخطاء التى يقع فيها الباحث التربوى :</u>

يمكن إرجاع أخطاء الباحث خلال مراحل إجراء البحث لأسباب ثلاثة هى:

- يرتكب الباحث بعض الأخطاء بسبب نقص معلوماته وعدم تأكده مـما لديـه من معلومات، وفى هذه الحالة لا يدرك الباحث أنه أخطأ. (MISTAKES)

- يرتكب الباحث بعض الأخطاء بسبب إغفال بعض المتغيرات ، إما عن وعى منه أو بدون وعى . فهو هنا لم يتنبه إلى أهمية جزء ما ، أو لم يدرك وجود متغير قد يؤثر فى سير البحث ونتائجه. (OVERSIGHTS)

- أن يرتكب الباحث خطأ بسبب تحيزه فى اتجاه معين ورغبته فى تحقيق نتـائج معينة . وهنا نجد الخطأ فى الإجراءات أو فى تحليل البيانـات أو تفسيرها مـن وجهة نظر متحيزة. (BIASES).

هيا نبدأ هذه الرحلة مع الباحث ؛ وقد يكون من المفيد أن نتعرف مناهج البحث التربوى المختلفة ، ونطرح إحتمالات الخطأ فى كل منها.

<u>اختيار منهج البحث :</u>

لاشك أن اختيار منهج البحث يرتبط ارتباطا وثيقا بطبيعة المشكلة وأسئلة البحـث وفروضه . ويرتبط كل ذلك بأهـداف البحث.

والمعروف أن مناهج البحث التربوى يمكن تصنيفها بأكثر من طريقـة ، أو فى ضـوء محاور مختلفة على النحو التالى :

موضوع البحث: Topics

تصنف البحوث وفقا للموضوعات التى تتناولها ، والمجالات التى تنتمى لها الظاهرة التى يتصدى لها الباحث ، ويرغب فى حل بعض مشكلاتها. فنجد مثلا البحوث الطبية، والبحوث الإجتماعية، والبحوث القانونية، والبحوث فى الاقتصاد، أو فى الصناعة، أو فى الفنون التشكيلية، أو الفنون المسرحية، والبحوث التربوية . (وقد عرضنا فيما سبق أمثلة للموضوعات التى تقع فى نطاق البحوث التربوية).

أهداف البحث: Purpose

تصنف البحوث التربوية حسب أهدافها إلى:

بحوث وصفية: Descriptive Research

وتقع معظم البحوث التربوية تحت تصنيف البحوث الوصفية التى تعتمد على الملاحظة المباشرة ، أو جمع البيانات من مصادر مختلفة وبطرق مختلفة. ويقال إن الباحث يصف ما هو قائم حاليا What is.

وتتنوع البحوث الوصفية أيضا حسب أهدافها على النحو التالى:

البحوث المسحية Survey Research

وهى أكثر البحوث الوصفية شيوعا فى مجالات التربية، ويهدف إلى جمع البيانات الخاصة بموضوع ما فى وقت معين و بطريقة منظمة .

يتم جمع هذه البيانات من المجتمع الكلى المطلوب وصف بعض ظواهره، او من خلال عينة ممثلة لهذا المجتمع.

أخطاء شائعة فى البحوث المسحية:

- أن تصاغ أهداف البحث بأسلوب غير محدد مما يجعل تحديد المجتمع البحثى المستهدف صعبا أو غير ممكن.

- أن يوصف مجتمع البحث دون التركيز على الخصائص الأساسية له، أو إغفال ذكر بعض مواصفات المجتمع المؤثرة مما قد يضلل اختيار عينة البحث التى من المفروض أن تمثل هذا المجتمع تمثيلا دقيقا.

- ضعف إجراءات اختيار العينة البحثية، مما قد يؤدى إلى إجراء الدراسة المسحية على عينة لا علاقة لها بالمجتمع المستهدف. انظر أخطاء فى اختيار عينة البحث صفحة (٧٢) .

- ضعف أدوات جمع البيانات أو عدم مناسبتها لأغراض البحث. راجع الأخطاء التى يقع فيها الباحث فى أعداد أدوات جمع البيانات صفحة (٨١).

- التحيز فى تفسير النتائج ، بحيث يخرج القارئ من نتائج البحث بانطباع مغاير تماما للواقع.

البحوث الترابطية Correlation Research

تركز الدراسات المسحية على رصد جوانب ومتغيرات الظاهرة المطلوب دراستها ، بينما تركز البحوث الترابطية على الكشف عن العلاقات بين هذه المتغيرات. وتهدف هذه البحوث إلى تعرف

نوع وشدة هذه العلاقات ؛ هل هى علاقات سببية أم علاقات تطورية ام علاقات وليدة الصدفة.

وتتميز البحوث الترابطية بأنها تسمح بقياس عدد من المتغيرات والعلاقة بينهـا فى وقت واحد (فى حين تركز البحوث التجريبية بقياس تأثير متغير واحد)، كما تتميـز بأنهـا تبحـث فى علاقـات موجـودة فعـلا فى ظـروف طبيعيـة واقعيـة(بيـنما يلجأ الباحث فى البحوث التجريبية إلى تصميم مواقف مصطنعة لاتوجد فى الواقع).

وتعتبر البحـوث الارتباطيـة أساسـا للدراسـات التنبؤيـة ، كـما تفيـد فى الدراسـات الاستكشافية .

أخطاء شائعة فى البحوث التترابطية

- تعتمد البحوث الترابطية على حـساب نـوع الارتبـاط ودرجتـه، وتـأتى معظـم الأخطاء من عدم التمييز بين أنواع الارتباط ، وأيضا من سـوء تفـسير الارتبـاط الموجود بين المتغيرات.
- عدم التحديد الدقيق للمتغيرات التى يريد الكشف عن نوع ومـدى العلاقـة بينها ؛ مما يترتب عليه سوء اختيار أدوات جمع البيانات، وأيـضا سـوء اختيـار المعالجة الاحصائية للبيانات، وبالتإلى نتائج مضللة.
- كثيرا ما يتسرع الباحث فى تفسير ما يكتشفه من علاقـات ترابطيـة عـلى أنهـا علاقات سببية .
- فشل الباحث فى وضع معايير يرتكز عليها فى عمل تنبؤات مستقبلية.

- إذا تضمن البحث متغيرات متعددة ، والهدف هو الكشف عن العلاقات المتداخلة بينها، نجد بعض الباحثين يقتصر تحليله الإحصائي على العلاقات الثنائية:

(Bivariate Correlational Statistics)) بدلا من التحليل الإحصائي للعلاقات المتعددة (Multivariate Statistics).

- عند تفسير النتائج يخلط الباحث بين الدلالة الإحصائية للعلاقة الترابطية ، والدلالة العملية لهذه العلاقة.

البحوث التنموية Developmental Research

نظرا لأن التربية تهتم أساسا بنمو الأفراد جسميا وعقليا ووجدانيا واجتماعيا ، فقد احتلت البحوث التنموية مكانا مهما على أولويات البحوث التربوية.

ارتبطت البحوث التنموية بالدراسات الطولية التتبعية وتسمى Longitudinal Studies . ويطلق عليها أحيانا:

Cohort Studies ؛ تهتم الدراسات الطولية بجمع البيانات المرتبطة بظاهرة معينة ، أو بأفراد معينين خلال فترة زمنية ممتدة ؛ قد تستغرق عدة أسابيع أو عدة شهور، وأحيانا عدة سنوات. وكثيرا ما تستخدم لقياس وتتبع تغير الاتجاهات.

مثال: تتبع سمات أو بعض سلوكيات أو اتجاهات أطفال روضة أطفال معينة ، ورصد ما يحدث لهم من تغيرات حتى يصلوا إلى الصف الثالث الابتدائي.

أو : تتبع مستوى تحصيل الطلاب الجدد بكلية التربية فى شعبة معينة واتجاهاتهم نحو مهنة التدريس ، وحتى التخرج.

وقد ارتبطت البحوث التنموية بأعمال بياجيه Piaget عن التغيرات النوعية التى تحدث فى تفكير الأطفال. وكذلك دراسات كولبيرج Kohlberg عن النمو الأخلاقى عند الأطفال.

أخطاء شائعة فى البحوث التنموية

● نظرا لأن البحوث التنموية تحتاج لوقت طويل، فقد لا يستطيع الباحثون تبنى هذا المنهج فى بحوثهم للماجستير أو الدكتوراه إلا فى حدود زمنية قصيرة قد تؤدى إلى نتائج مشكوك فى صدقها. مثلا يدرس الباحث وحدة دراسية فى أسبوعين أو ثلاثة بهدف تغيير إتجاهات التلاميذ ! !

● المطلوب فى هذه البحوث تتبع عينة محددة طوال فترة زمنية ممتدة ، ولكن الابقاء على جميع أفراد العينة طوال فترة البحث قد تكون مستحيلة، ولذلك يضطر الباحث لاستبدال بعض أفراد العينة ، وهذا يقلل من سلامة بنية البحث.

● قد لا يستطيع الباحث التحكم فى متغيرات البحث لفترة ممتدة ، ويؤثر ذلك على النتائج وتفسيرها.

● يؤثر تكرار تطبيق أدوات جمع البيانات على أفراد العينة نفسها إلى تغير استجاباتهم على بعض البنود أو الأسئلة ؛ نتيجة استجابتهم لها من قبل . وبذلك لا تكون الاستجابات حقيقية ، وعلى الباحث اللجوء لأدوات مختلفة ولكنها متكافئة .

بحوث دراسة الحالة Case Studies

يهدف الباحث هنا إلى ملاحظة خصائص وحدة فردية مأخوذة من المجتمع المراد دراسته ، وتكون الملاحظة وتجميع البيانات دقيقة ومتعمقة وشاملة لمتغيرات الظاهرة . ويكون هدف هذه الملاحظة هو تحليل الظواهر المتعددة التى تشكل مكونات هذه المفردة بغية الوصول إلى تعميمات يمكن تطبيقها على مجتمع البحث الكبير.

هذه الحالات المختارة قد تكون أحيانا طفلا واحدا، أو قد تكون فصلا دراسيا بأكمله، أو تكون قرية من القرى، أو مناهج مرحلة معينة ، أو مجموعة معلمين عائدين من بعثة خارجية .

تعتمد بحوث دراسة الحالة على أساليب الملاحظة المختلفة ومنها:

- الملاحظة بالمشاركة   Participant Observation

- الملاحظة دون مشاركة   Non-Participant Observation

ولكل من هذين الأسلوبين مميزاته ومواضع استخدامه فى البحوث التربوية. وعلى الباحث دراسة هذه الاستخدامات ونماذج تطبيقية لها، حتى يستفيد من ميزاتها، ويتجنب ما قد يقع فيه من أخطاء.

فى حالات كثيرة يوصى بالجمع بين الدراسات المسحية ودراسة الحالة؛ حيث تعطى الدراسة المسحية صورة عامة واسعة للظاهرة موضع الدراسة ، وتقترب دراسة الحالة كعدسة الزوم لتعطى صورة تفصيلية دقيقة لوحدة من وحدات الظاهرة موضع الدراسة.

أخطاء شائعة فى بحوث دراسة الحالة

- يتمثل الخطأ الأكبر فى منهج دراسة الحالة فى سوء اختيار الحالة التى سوف يركز الباحث على دراستها. فإلى أى مدى

سوف يستفيد المجال التربوي من دراسة هـذه الحالـة؟ وهـل يمكـن تعميـم النتائج على نطاق واسع؟ وهل الحالة واضحة المعالم بحيث يمكن تغطية كـل متغيراتها بصورة تفيد في فهم شامل لأبعاد الحالة ، مما يجعل الدراسة جديرة بالبحث العلمي.

● أن يتخير الباحث حالة ؛ دراستها ليست في حدود إمكاناته .

● أن يهمل الباحث دراسة بعض المتغيرات المهمة ، مما يـؤثر عـلى قيمـة النتائج التي يتوصل اليها.

● تعتمد دراسة الحالة على الملاحظة ، ولهذا قد يهمل الباحث في تطبيق أسلوب ملاحظة فعال ويحقق الهدف المطلوب.

● قد يعتمد الباحث على ملاحظين يساعدونه في دراسـة الحالـة دون أن يـدربهم على مهارات الملاحظة العلمية.

● عدم تسجيل الملاحظات أولا بأول مما يعرضها للنسيان.

● تسجيل الملاحظات بطريقة غير منظمة منذ البداية ، وهـذا يـؤدى إلى كـم مـن المعلومات المتناثرة قليلة المعنى وقليلة الفائدة.

● في حالة ملاحظة السلوك غير اللفظي يجب ألا يعتمد الباحث عـلى التـدوين الورقي ، وينبغى الاستعانة بالتسجيل بالصور سواء الثابتة أو المتحركة.

● تجاهل الباحث المبادئ الأخلاقية في دراسة الحالة من حيث تعريف واستئذان المفحوصـين، والمحافظـة عـلى خـصوصياتهم وكتمان مـا قـد يتوصـل اليـه مـن معلومات وحقائق.

- كثيرا ما تتصف ملاحظات الباحث بالذاتية والانطباعات الشخصية عند وصـف حالة معينة، وعليه عدم الانزلاق في هذا الخطأ الـذى يـؤثر عـلى نتـائج البحـث وقيمته العلمية.

- في الملاحظة بالمشاركة يتعايش الباحث عن قرب مع أفراد عينته وتنـشأ بيـنهم علاقات حميمة ؛ وقد يؤدى ذلك إلى انحياز لوجهة نظرهم وتبرير غـير منطقـى لسلوكهم.

- إغفال أهمية التأكد من صدق ما يجمعه الباحث من بيانات ، وذلك بـاللجوء لأكثر من مـصدر. مثـال: في دراسة حالـة لعينة مـن تلاميـذ مدرسـة داخليـة ، استخدم الباحث الاستبيان لتجميع بعض المعلومات عنهم وعن أسباب التحاقهم بالقسم الداخلى بالمدرسة، ثم عقد الباحـث لقـاءات شخصية مـع أوليـاء أمـور هؤلاء التلاميذ لتحصيل المعلومات نفسها . وكانت نتائج المقارنة بين استجابات التلاميذ وأولياء أمورهم - كما عبر عنها الباحث- شيقة ومذهلة !! (راجع الجزء الخاص بالتثليث) صفحة(٩٦) .

البحوث التاريخية Historical Research

وهى من البحوث الوصفية حيث تركز على وصف أحداث حدثت في الماضى ، أى أن الباحث يصف What was. وتتفق البحوث التاريخيـة مـع كـل مـن البحـوث المعيارية والبحوث التفسيرية في بعض المقومات؛ فهى تشارك البحوث المعيارية في اهتمامهـا بالبحـث عـن الموضـوعية والإقـلال مـن الذاتيـة والتحيز. وهـى تـشبه البحوث التفسيرية في أنها تبحث عن الحقيقة الكاملة ، ووصف كل مظاهر الحالة أو الظاهرة المطلوب دراستها.

ويعّرف البحث التاريخى بأنه عملية منظمة وموضوعية لاكتشاف الأدلة وراء الأحداث ، وتحديدها وتقييمها، والربط بينها من أجل التحقق من معلومات معينة وإثباتها ، والخروج منها باستنتاجات تؤدى إلى فهم جديد للماضى وارتباطه بالحاضر وبالمستقبل.

تهتم البحوث التاريخية فى التربية بالكشف عن أسباب وطريقة تطور الفكر التربوى وتطبيقاته، وتوصلنا إلى فهم العلاقة بين التربية والإطار الثقافى للمجتمع الذى تعمل فيه، كما تساعدنا على فهم المشكلات التربوية المعاصرة والعلاقة بينها وبين مشكلات المجتمع.

ولا يخلو بحث تربوى من دراسة تاريخية ، فمراجعة الأدبيات والدراسات السابقة ، هى فى حد ذاتها دراسة تاريخية لموضوع البحث. وهذا يفيد الباحث التربوى فى حل مشكلات معاصرة فى ضوء خبرات الماضى. كما أنه الأساس فى تعرف السيرة الذاتية للفلاسفة والرواد فى مجال التربية . والبحوث التاريخية هى المنطلق للدراسات المستقبلية.

أخطاء تحدث أحيانا فى البحوث التاريخية:

- لا يصيغ الباحث مشكلة البحث بدقة ؛ فتكون غير محددة وتتسم بالعمومية، وتشمل موضوعا واسعا ومتشابكا ، ولذلك يفشل فى تحديد المتغيرات ، وفى تجميع البيانات اللازمة وتحليلها واستخلاص النتائج المرجوة.

- الاعتماد على وثائق ومراجع ثانوية فى تحصيل البيانات ؛ مما يشكك فيما يتوصل إليه من تفسير للأحداث موضوع البحث.
- يتبنى الباحث رأيا أو فكرة معينة لأنه وجدها متكررة فيما رجع إليه من وثائق. ولكن لا يتأكد من صحة هذا الرأى وموضوعيته.
- التبسيط المبالغ فى تفسير الأحداث التاريخية متجاهلا المؤثرات المختلفة على تلك الأحداث.
- صعوبة تفسير بعض المصطلحات أو التعبيرات التى كانت مستخدمة فى هذه العصور (مثلا : مصطلح التعليم الأساسى كان يستخدم ولكن بمعنى يختلف عن المعنى الحإلى) ، (المدارس التجريبية كان يقصد بها نوعا من المدارس غير المدارس التجريبية المنتشرة اليوم).
- تفسير بعض الأحداث بعيدا عن سياقها المجتمعى مما يفقدها دلالتها وأهميتها.
- يعمم النتائج على قطاع كبير من الأفراد والأماكن والمؤسسات بصورة لا تبررها الأدلة التاريخية التى توصل لها الباحث.
- وأكبر الأخطاء فى هذا الصدد هو محاولة تفسير الباحث للأحداث والآراء فى ضوء خلفية مجتمعية مختلفة ، وفى ظل مفاهيم ثقافية وتكنولوجية يعيشها الباحث فى الحاضر. بمعنى أن يفسر الماضى بعقلية الحاضر.

بحوث التقييــم:

Evaluation Research

من المهم أن نقارن هنا بين:

- التقييم التربوى   Educational Evaluation
- البحث التربوى   Educational Research

فمن المعروف أن أى نظام تعليمى لابد وأن يخضع لعمليات تطوير مستمرة. ويحتاج المسئولون إلى اتخاذ القرارات التى تساعدهم فى ذلك. فيعتمدون على الدراسات التقييمية لتعرف جوانب القوة وجوانب القصور؛ وبناء على نتائج عمليات التقييم يتخذ واضعو القرار ما يرونه مناسبا من قرارات بهدف تطوير وتحسين بعض عناصر ومكونات النظام التعليمى .

بمعنى أن التقييم التربوى يهتم بجمع المعلومات والبيانات التى تيسر صنع القرارات المرتبطة بالسياسات التعليمية والإدارية، وبالسياسة العامة للدولة.

وبعكس ذلك نجد أن بحوث التقييم تصمم بهدف قبول أو رفض فرض عن العلاقة بين متغيرين أو أكثر. ولاشك أن كلا الجهدين يستفيد من الآخر؛ ولكن الفرق الأساسى بينهما هو المحور الذى يركز عليه كل منهما. فبينما يركز التقويم التربوي على اتخاذ قرارات عملية ، فإن البحث التربوي يحاول إثبات مدى صحة فرض.

الفرق الثانى بينهما هو إلى أى مدى يمكن تعميم النتائج .

فالتقييم يتم عادة فى إطار هدف محدود ؛ فتكلف هيئة بحثية مثلا لتقييم مدى نجاح برنامج معين. فيجمع الباحثون المعلومات والآراء للإجابة عن هذا السؤال. أما فى البحوث التقييمية فيختار الباحث عينات من المعلمين ومن المواد التعليمية الممثلة للمجتمع البحثى الكبير، ويسعى للوصول لمبادئ عامة يمكن تعميمها على نطاق واسع.

الفرق الثالث بين هذين الجهدين هو أن المقيميين (Evaluators) يهمهم إصدار حكم غلى قيمة أو جودة شئ معين . أما الباحثون(Researchers) فيهتمون بمعرفة الأسباب وراء الظواهر، أو العلاقات بين أبعاد الظاهرة تحت الدراسة.

ومن هنا يقال أحيانا: **Evaluation is not Research**

أخطاء يقع فيها الباحث فى بحوث التقييم

- ألا يدرك الباحث الفرق بين البحوث التربوية فى التقييم، والتقييم التربوى.
- لا يفرق الباحث بين النتائج القابلة للتعميم والنتائج التى تساعد فى اتخاذ قرارات محددة.
- عندما لا يحدد الباحث متغيرات البحث، ولا يضع أسئلة محددة، و فروضا لها مبرراتها العلمية ؛ فنجده يتخبط دون هدف ولا وضوح لخطوات البحث .

● عند تفسير نتائج دراسات التقييم لشئ معين ؛ يميل الباحث أحيانا لتعميم نتائجه دون سند علمى .

بحوث تجريبية: Experimental Research

تهتم البحوث التجريبية بوصف ما سوف يحدث: What will if عنـدما يتحكم الباحث فى بعض المتغيرات. بمعنى أن الباحث يتحكم بطريقـة مقصودة فى أحـد المتغيرات المتداخلة فى الموقف الذى يريد دراسته، ويـسمى هـذا المتغير "المتغير المستقل" ثم يلاحـظ أثر هـذا التغير عـلى متغير أو متغـيرات أخرى،وتـسمى" المتغيرات التابعة".

تصميمات البحث التجريبى

هناك ثلاثة مستويات لتصميم البحوث التربوية، ويتحـدد مـستوى التصميم تبعـا لدرجة التحكم فى متغيرات البحث على النحو التالى:

تصميمات قبل التجريبى Pre-experimental design

وله ثلاثة تصميمات :

- X تشير إلى المعالجة التجريبية (المتغير المستقل)
- O تشير إلى عملية الملاحظة أو القياس
- R تشير إلى التكافؤ بين المجموعات(اختيار عشوائى)
- C المجموعة الضابطة

● **مجموعة واحدة و قياس بعدى فقط :**

One Shot Case Study ، ومثل تجربة البحث هكذا:

$$X \qquad O2$$

- **مجموعة واحدة مع قياس قبلي وقياس بعدي:**

One Group Pretest Posttest Study، ونمثل هذا التصميم هكذا:

O1 X O2

- **مقارنة القياس البعدي لمجموعتين غير متكافئتين وتطبيق المتغير المستقل في إحداهما :**

Static Group Comparison Study، ونمثلها هكذا:

X O2

C O2

تصميمات شبه تجريبي Quasi-experimental

- **قياس قبلي وبعدي لمجموعتين غير متكافئتين:**

Pretest Posttest Nonequivalent Groups ، ويمثل:

O1 X O2

O1 C O2

- **استخدام نفس المجموعة؛ مرة كمجموعة تجريبية ومرة كمجموعة ضابطة :**

Time Series Designs ، ونمثلها هكذا:

O1 C O2 O1 X O2

تصميمات البحث التجريبى الحقيقى

True Experimental Design

- استخدام مجموعتين متكافئتين وقياس بعدى فقط:

True Experimental Posttest Equivalent Groups، ونمثله هكذا:

R X O2

R C O2

- استخدام مجموعتين متكافئتين وقياسات قبلية وقياسات بعدية للمجموعتين:

Pretest Posttest Equivalent Groups ، ويمثل هكذا:

R O1 X O2

R O1 C O2

تصميم سوليمون التجريبى **Solomon Four Group Design** وفيه مجموعة تجريبية و ثلاث مجموعات ضابطة؛ ويمثل هكذا:

R	01	X	02	Group 1
R	01	C	02	Group 2

R	X	02	Group 3
R	C	02	Group 4

لقد رأيت أن أضع أمام القارئ هذه التصميمات للبحث التجريبى؛ وهـى ليست كل التصميمات ولكنها أكثرها استخداما فى البحوث التربوية؛ وذلك لإلقاء الـضوء على بعض الأخطاء الشائعة فى استخدامها.

أخطاء تحدث أحيانا فى البحوث التجريبية:

● إن أكثر الأخطاء انتـشارا بـين البـاحثين عنـد استخدام البحـث التجريبـى هـو اختيارهم لتصميم تجريبى لا يتناسب مع مشكلة البحث و أهدافه.

● عدم مراعاة الباحث لتأثير بعض العوامل عـلى نتـائج التجربـة. وسـوف نناقش هذه العوامل عندما نطرح كيفية التأكد من الصدق الداخلى والصدق الخارجى لتصميم البحث .

● يعمم الباحث نتائجه على مجتمعات بحثية أخرى دون أن تؤكد النتائج إمكانية هذا التعميم.

● لا يتخذ الباحث من الإجراءات ما يقلل من إمكانية التحيـز فى التجربـة وتفسـير نتائجها.

- أن يكون المتغير المستقل من الضعف ، بحيث لا يؤثر على المتغير التابع.

- أن يخلط الباحث بين مفهوم الاختيار العشوائي لأفراد عينة البحث وبين التوزيع العشوائي على مجموعات البحث التجريبية والضابطة.

- عند استخدام مجموعة ضابطة يحاول الباحث تكافؤ أفرادها مع أفراد المجموعة التجريبية على مواصفات لا علاقة لها بمشكلة البحث وأهدافها.

- أن يستخدم عينة صغيرة العدد مع تصميم تجريبي يعتمد على القياس البعدي فقط للمجموعتين التجريبية والضابطة.

- ألا يتأكد الباحث من الصدق الداخلي والصدق الخارجي لتصميم البحث.

بحوث الحركة: Action Research

وقد تكون وصفية أو تجريبية ولكنها تهتم بالمشكلات الفعلية الحادثة في المواقف التعليمية ، وعادة ما تكون بحوث قصيرة المدى ، ولاتهدف لتعميم نتائجها.

ويطلق على هذا النوع من البحوث أحيانا بحوث العمل ، مما يدل على ارتباطها المباشر بالمشكلات التي يواجهها الأفراد في موقع العمل. وقد تكون تلك البحوث فردية، أو جماعية تعاونية حسب

طبيعة المشكلة وأهداف البحث.

والأمثلة لاستخدام بحوث الحركة فى مجالات التربية كثيرة ومتنوعة منها على سبيل المثال:

- معلم يحاول استخدام طريقة جديدة للتدريس مع طلابه فى فصله.

- معلمة تريد تجريب أسلوب مبتكر لتقييم التلاميذ.

- وأخرى تريد أن تعرف سبب تذبذب مستوى بعض الطلاب فى تحصيل مادتها .

- أو مجموعة من معلمى صف دراسى معين يريدون مقارنة اتجاهات التلاميذ نحو المواد الدراسية المختلفة وأسباب الاختلافات.

- مـدير المدرسـة يريـد التوصـل لأسلـوب يزيـد مـن حمـاس المعلمـين للعمـل فى مدرسته..

- وغيرها وغيرها من المواقف اليومية التى تواجه العاملين بالمدرسة.

تمر بحوث الحركة أو بحوث العمل بخطوات البحث العلمى التربوى مـن تحديـد المشكلة والأسئلة ووضع بعض الفروض وبقيـة الإجـراءات. إلا أن هـذه البحـوث ينقصها التشدد العلمى ، والاهتمام الزائد بضبط المتغيرات، حيث إنها لا تهدف إلى تعميم النتائج فهى قاصرة على البيئة التى أجرى فيها البحث.

ونحن نرى أهمية كبيرة لتدريب المعلمين على كافة المستويات على إجراء بحوث الحركة بصورة مستمرة فى مجال عملهم ، ونعتبرها السبيل العملى الحقيقى لتطوير التعليم والارتقاء بالجودة فى العملية التعليمية.

<u>الأخطاء التى تحدث أحيانا فى بحوث الحركة:</u>

● التسرع فى اختيار المشكلة وعدم وضوحها بالشكل الكافى.

● الانفراد بالبحث إذا كان من الأفضل تخطيطه وتنفيذه مع مجموعة من الزملاء.

● عدم وضع خطة لخطوات البحث والسير فيه وفقا للظروف ، مما يخرجه عن الإطار العلمى.

● محاولة البعض تطبيق نتائج أحد بحوث الحركة على موقف قد يبدو متشابها، ولكنه فى الواقع مختلف فى كثير من المتغيرات المحيطة.

<u>البحوث المستقبلية : **Futuristic Research**</u>

بدأ الاهتمام بالبحوث المستقبلية بعد الحرب العالمية الثانية فى جميع التخصصات، ومنها العلوم التربوية. وشاعت فى الستينيات على مستوى العالم.

تهدف البحوث المستقبلية تعرف المستقبل، والتنبؤ بالأحداث. ولكننا نؤمن أن معرفة ما سوف يكون عليه المستقبل ؛ هو من علم الله سبحانه وتعالى وحده.

وكل ما يسعى البحث المستقبلى لتحقيقه هو:

- تصور **ما يمكن** أن يكون عليه المستقبل

- تخيل **احتمالات متعددة** لهذا المستقبل.

- رسم صورة للمستقبل الذى **يريده الإنسان** ويتمناه.

تعتمد الدراسات المستقبلية على طرق وأدوات بحثية متنوعة؛ لعل من أهمها : تصميم السيناريوهات Scenarios لمستقبل الظاهرة التى يدرسها الباحث. وتعتمد الدراسات المستقبلية على البيانات الكمية والكيفية ، كما تعتمد على العمل الجماعى ، وعلى التكامل بين المجالات المعرفية والتطبيقية المختلفة. وعند وضع السيناريوهات ؛ يمر الباحثون بمراحل معينة مثل:

- دراسة تاريخ الظاهرة وواقعها الحالى.

- دراسة الاتجاهات المعاصرة المرتبطة بالظاهرة.

- تخيل احتمالات وبدائل و تخطيط سيناريوهات مختلفة.

- مقارنة السيناريوهات وإقرار واحد أو أكثر منها.

يتضح مما سبق أن البحوث المستقبلية تختلف فى خطتها ، وفى خطواتها عن مناهج البحث السابق ذكرها. وهى تحتاج لمقومات ومهارات خاصة ؛ يجب على التربويين الاهتمام بها ، وتدريب طلاب البحث عليها ؛ فهى البحوث المطلوبة للتطور والتقدم.

والخطأ هنا أن البحوث المستقبلية فى التربية أقل مما ينبغى.

رابعا

أخطاء شائعة فى تجميع المعلومات والأدبيات والدراسات السابقة للإطار النظرى

Collecting Background Theories and Review of Literature

وما أن يستقر الباحث على منهج البحث المناسب لمشكلة بحثه ويعرف تماما كيفية تصميم المنهج المختار ليحصل على أفضل النتائج؛ يعاود الباحث مواصلة مشواره فى القراءة والاطلاع على الأدبيات والنظريات والبحوث التى تناولت متغيرات بحثه. ويجب أن يولى الباحث أهمية قصوى لهذه المرحلة ؛ حيث إنه من خلالها ينمو علميا ، ويصل إلى قمة المعرفة فى كل ما يتعلق بالمشكلة التى يتصدى لها. ولكن هناك بعض الأخطاء التى قد تحدث فى هذه المرحلة ومنها:

- يتصور الباحث أحيانا، أن ما قرأه من أدبيات وما راجعه من بحوث فى مرحلة إعداد خطة البحث ، يمثل خلفية علمية كافية للبدء فى إجراءات بحثه؛ فلا يبذل جهدا فى العثور على المزيد من المراجع المفيدة والأفضل والأحدث والأكثر ارتباطا .

- عند مراجعة الباحث لما يجمعه من بحوث ودراسات مرتبطة ، يركز على نتائج هذه الدراسات دون التعمق فى فهم وتحليل منهج البحث والأدوات المستخدمة ، والأساليب الإحصائية التى استخدمت لاستخلاص النتائج. وقد يؤدى ذلك إلى قلة الإفادة من البحث ، أو تفسير نتائجه تفسيرا خاطئا أو قاصرا.

- يكتفى الباحث أحيانا بالمراجع و المصادر الثانوية بدلا من محاولة الوصول إلى المصادر الأصلية.

- قد يهمل الباحث تدوين ما يصل إليه من مراجع فور الاطلاع عليها، والنتيجة أنه ينساها حين يحتاج اليها عند كتابة الرسالة ، مما يضيع كثيرا من الوقت والجهد.

- من الأحطاء الشائعة أيضا أن يهتم الباحث بكم المراجع التى يجمعها ، ولا يفرق بين القيمة الفعلية لهذه المراجع ، ومدى ارتباطها ببحثه ومدى استفادته منها.

- لقد ساعد استخدام الإنترنت على تجميع الكثير من الأدبيات والمراجع المرتبطة بالبحوث التربوية، وعلى الباحث أن يحسن استخدام هذه التكنولوجيا المتقدمة دون الوقوع فى خطأ الاهتمام

بالكم على حساب الكيف، كذلك تجميع دراسات قد تنتمى لمجتمعات مختلفة مما تسيئ إلى البحث بدلا من تدعيمه.

● يخلط الباحث أحيانا بين ما يعتبر اقتباسا مباشرا من هذه المراجع وبين ما يعتبر قراءات استفاد الباحث مما ورد فيها من أفكار.

● يجمع الباحث كل ما يرتبط ببحثه من بحوث ودراسات ونظريات على أساس أنه يجمع كل ذلك ليضعه في فصل مستقل بعنوان الدراسات السابقة. وهذا خطأ كبير وسوء فهم لهدف تجميع هذه الأدبيات، فيقوم الباحث بهذه العملية وكأنه مكلف بعمل أرشيف لما كتب حول موضوع بحثه. فتفقد هذه الأدبيات دورها في البحث الذى يجريه الباحث وتوضع في عزلة عن باقى فصول الرسالة.

****

خامسا

أخطاء شائعة فى اختيار عينــة البحــث

Choosing the Research Sample

نبدأ هذا الجزء بكلمة موجزة عن مفهوم مجتمع البحث ، وعينـة البحـث ، وأنـواع العينات، وأساليب اختيار العينة البحثية، وأهمية الدقة والحرص فى اختيـار العينـة. ثم ننتقل إلى عرض بعض الأخطاء التى يقع فيها بعض الباحثين فى هذا الصدد.

نحـن نعلـم أن هـدف البحـوث التربويـة هـو التوصـل إلى نتـائج تـرتبط بالعمليـة التعليمية، وتعمل على الارتقاء بعناصرها المختلفة، على أن نتمكن من تعميم هـذه النتائج على نطاق واسع يشمل كل مفردات المجتمع البحثى المستهدف **Targeted Population** والمجتمع المستهدف هـو مجمـوع المفـردات التـى يرغـب الباحـث دراسة بعض المتغيرات المرتبطة بها، سواء فى البحوث المسحية

أو الترابطية أو التاريخبة أو التجريبيـة. فـإذا أراد الباحـث دراسـة مـستوى التفكـير الإبداعى لدى تلاميذ الصف الأول الابتدائىفى مصر؛ فيصبح المجتمع المستهدف فى هذه الحالة هو كل تلاميذ الصف الأول الابتدائى فى مصر.

وإذا كان الباحث يسعى لتحسين أداء معلمى مادة دراسية معينة؛ فيصبح المجتمع المستهدف بالنسبة له هو جميع معلمى هذه المادة.

وإذا كان يريد تعرف مستوى تجهيزات مكتبات المدارس الثانوية؛ فيصبح المجتمع المستهدف فى هذا البحث هو كل مكتبات المدارس الثانوية فى مصر.

وهذا يوضح أن المجتمع المستهدف فى البحوث التربوية قد يتكون من أفراد أو أشياء أو نظم، وتكون مفردات هذا المجتمع متناثرة جغرافيا على أماكن متباعدة.

وفى بعض الحالات تكون مفردات المجتمع المستهدف متراكمة فى مكان محدد؛ وهنا يمكن التعامل معها.

والسؤال الذى يطرح نفسه هنا هو: هل يستطيع أى باحث أن يتعامل مع جميع مفردات المجتمع المستهدف ؟ وهل يمكن اختيار عينة من هذا المجتمع المتشعب والمتناثر؟ بالطبع لا.... لأن لا الوقت ولا الجهد ولا التكاليف المطلوبة تسمح بذلك. لذلك يلجأ الباحث إلى تحديد مجتمع البحث فى نطاق منطقة جغرافية معينة، أو تحديد الأعداد التى يمكن أن تعمم عليها النتائج ، ونطلق عليه فى هذه الحالة " المجتمع المتاح "Accessible Population .

وهذا يعنى مثلا أن المجتمع المتاح يصبح جميع تلاميذ الصف الأول الابتدائى فى عدد محدود من المحافظات ، أو يصبح مجموع تلاميذ الصف الأول الابتدائى فى بعض الإدارات التعليمية فى محافظة واحدة، وهكذا والمهم أن نتذكر أن السمات المتوافرة فى المجتمع المستهدف هى ذاتها سمات ومواصفات المجتمع المتاح. وهنا نطلق عليه المجتمع البحثى. ويتكرر السؤال: هل

يستطيع الباحث التعامل مع جميع مفردات المجتمع البحثى؟ و الإجابة هى:..قد يكون ذلك صعبا إلى حد كبير نتيجة التكلفة والوقت والمجهود....

وهنا يلجأ الباحث إلى اختيار عينة محدودة من المجتمع المتاح Sample يتمكن من التعامل مع كل مفرداتها. ولابد أن تحمل العينة جميع سمات ومواصفات المجتمع البحثى.

فالعينة كما نعرف جميعا هى جزء أو نموذج صغير يمثل كيانا كبيرا . بمعنى أنه نظرا لصعوبة العمل مع كل مجتمع البحث الذى نهدف إلى تطبيق النتائج عليه، فنكتفى بقطعة أو شريحة صغيرة من هذا المجتمع ، بشرط أن تحمل هذه العينة كل سمات وخصائص المجتمع البحثى الكبير. بمعنى أنه عند إجراء البحث على هذه العينة الصغيرة فكأننا قد أجرينا البحث على المجتمع الكبير، وتعمم نتائجه باطمئنان على أفراد المجتمع البحثى كله.

خطأ اختيار عينة البحث: Sampling Error

عندما قلنا إن العينة تمثل المجتمع البحثى ، فليس معنى ذلك أنها صورة طبق الأصل لهذا المجتمع، ولكن التمثيل هنا يعنى أننا اخترنا العينة بطريقة تضمن توافر المتغيرات المطلوبة لأغراض هذا البحث بنفس النوع والمستوى.. فإذا اخترنا عينة من خمسين

مفردة لتمثل المجتمع ، فإنها لن تختلف عن عينة أخرى من خمسين مفردة أخرى إختيرت بنفس الطريقة من نفس المجتمع. كـما أن طريقـة اختيار العينـة تعطـى فرصة متكافئة لكل مفردة فى المجتمع أن تختار ضمن مفردات العينة.

والفرق بين مواصفات العينة المختارة ومواصفات المجتمع البحثى يسمى "خطأ اختيار العينة" Sampling Error ، ويمكن حساب هذا الفرق إحصائيا فى العينات العشوائية. وعموما يرتبط خطأ اختيار العينـة بحجمهـا؛ فيـزداد هـذا الخطأ كلـما صغر حجم العينة المختارة، ويقل كلما كبر حجمها.

والمهم أن يطمئن الباحث أن ما يصل اليه من نتائج من خلال عينـة البحـث ، هـى نفس النتائج التى يصل اليها لو استخدم أكثر من عينة من مجتمع البحـث، وهـى نفس النتائج التى يصل إليها لو استخدم المجتمع البحثى كله.

أنواع العينات: Type of Sample

تتنوع العينات فى البحوث التربوية تبعا لهدف البحـث ومنهجـه والمتغيرات التـى يتناولها الباحث. ونستعرض فيما يلى بعض أنواع العينـات الشائعة الاستعمال فى البحوث التربوية:

العينة العشوائية البسيطة: Simple Random Sample

وأهم مميزاتها أنها سهلة ، وسريعة ، وتحقق مبدأ تكافؤ فرص الاختيار لكل مفـردة من مفردات المجتمع. وفيها يتم اختيار العـدد المطلوب لأغـراض البحـث بطريقـة عشوائية ، إما بسحب أسماء سرية مـن مفردات المجتمـع ، أو باستخدام الترميـز لاختيار العدد المطلوب، أو باستخدام الجداول المخططة لهذا الغرض.

العينة المنظمة : Systematic Sample

وهى مثل العينة العشوائية البسيطة ، إلا أنها تتبع خطة منظمـة للاختيـار ؛ فمـثلا لو افترضنا أن عدد مفردات مجتمع البحـث ٥٠٠٠ مفردة ؛ يبـدأ الباحـث باختيـار نقطة بداية عشوائية ، ولتكن مثلا رقم (١٠) ويبدأ فى اختيار عينة بحثه على النحو التـالى: (٢٠-٣٠-٤٠-٥٠-٦٠-٧٠-٨٠- - -) حتـى يـستكمل عـدد مفردات العينـة المطلوب.

العينة الطبقية : Stratified Sample

وفيهـا يقـسم المجتمـع البحثـى إلى فئـات تبعـا لأغـراض البحـث؛ فمـثلا تبعـا للنوع(ذكور-إنـاث)، تبعـا للعمر من٢٠-٣٠ أو من٣٠- ٤٠ وهكذا ، تبعـا لمستوى التعليم، تبعا لمكان السكن ، تبعا لأى متغير يرى الباحث أن له تـأثير علـى أهـداف البحث ونتائجه. ثم يبدأ الباحث اختيار مفـردات العينة بطريقة عـشوائية مـن كـل فئة من هذه الفئات مراعيا نسبة تواجدها فى المجتمع البحثى. وعلى الباحـث الالتزام بألا يقل عدد مفـردات كـل فئـة عـن الحـد الأدنى لعينـات البحـث صغيرة العدد.

تستخدم العينات الطبقية عندما يكون هدف البحث هو مقارنة بين فئات مختلفة من المجتمع البحثى فى بعض متغيرات البحث ونتائجه

عينة التجمعات: Cluster Sample

وتعتمد على التجمعات الطبيعية التى تضم أعدادا كبيرة من مفردات المجتمع البحثى مثل المدارس ، المصانع ، النوادى ، وهى تستخدم عندما يكون اهتمام الباحث مركز على هذه التجمعات وليس على الأفراد الموجودين فيها.

فمثلا إذا أراد الباحث قياس مستوى التفكير الإبداعى لدى تلاميذ المرحلة الابتدائية، فعندئذ تصبح الطريقة العشوائية فى اختيار العينة من كل المجتمع البحثى غير عملية، فيلجأ إلى الاعتماد على اختيار عشوائى لمجموعة من مدارس المجتمع المستهدف ، و يتم التعامل مع التلاميذ فيها بصفتهم تجمعا يمثل هذاالمجتمع.

العينة العمدية: Purposive Sample

وفيها ينتقى الباحث مفردات العينة وفق معايير يتطلبها البحث، ويتعمد اختيارمفردات تتوافر فيها سمات وخصائص محددة ؛ وذلك لتحقيق أغراض معينة.

فمثلا يريد الباحث أن يكشف عن العلاقة بين الحصول على جوائز فى ممسابقات رياضية، ودافعية الطلاب لاستكمال

دراستهم. فهو هنا يختار طلابا حائزين على جوائز رياضية في لعبات مختلفة، ويجرى بحثه على هذه العينة المنتقاة، وقد يكونون من أعمار مختلفة ومراحل دراسية مختلفة ومن مدارس في محافظات مختلفة، وهذا الاختلاف لايهم طالما يبنى الباحث عينة البحث طبقا لحاجات البحث وأهدافه.

حجم العينة: Sample Size

يعتمد حجم العينة على أهداف البحث ، وعلى كم ونوع المتغيرات موضع الدراسة، كما يتوقف حجم العينة على حجم مجتمع البحث وتجانس مفرداته.

وبشكل عام ، نقول إنه كلما زاد حجم العينة كانت النتائج أكثر صدقا ، وأكثر قابلية للتعميم. فمن المفضل ألا يقل عدد مفردات العينة عن ثلاثين مفردة، فهذا هو الحد الأدنى للعينات في البحوث التجريبية، وإن كانت هناك ظروف بحثية معينة تسمح باستخدام أعداد أقل، وعلى الباحث التأكد من الأساليب الإحصائية التى تستخدم في مثل هذه البحوث.

أما البحوث الوصفية والدراسات المسحية ، فيجب ألا تقل مفردات العينة عن مائة مفردة، حتى نضمن نتائج يعتمد عليها، ويمكن تعميمها. وعليه أيضا اختيار الأسلوب الإحصائى للبيانات الذى سوف يستخدمه لمراعاة متطلبات هذه المعادلات الإحصائية، وذلك قبل البدء في تجميع البيانات.

تعميم النتائج: Generalizing Results

هناك مجموعة من العوامل التى تتدخل فى إمكانية تعميم النتائج الصادرة عن عينات البحث ، ومن أهمها صدق تمثيل العينة لمجتمع البحث، وصدق تمثيل مجتمع البحث للمجتمع المستهدف وهو ما يطلق عليه"صدق المجتمع" Population Validity ، ونود أن نؤكد على أن قيمة البحث تتوقف على مدى إمكانية تعميم نتائجه.

ومن المهم أن ننوه إلى أنه فى حالة الرغبة فى التعميم خارج إطار المجتمع المستهدف إلى مجتمع آخر فيجب التأكد من تشابه مواصفات المجتمعين فى متغيرات البحث المعنية. فقد يكون من الجائز تعميم نتائج من مجتمع زراعى إلى مجتمع زراعى آخر، ولكن قد لا يكون من الممكن تعميمها إلى مجتمع بدوى مثلا.

وتحول بعض الأخطاء الشائعة فى البحوث التربوية من إمكانية تعميم النتائج ، وتقلل من الاستفادة منها فى المجال العملى التطبيقى على مستوى النظام التعليمى ككل. ولهذا يوجه النقد إلى البحوث التربوية وتتهم بقلة ما تضيفه لعلوم التربية ، وندرة ما يؤثر منها على مستوى جودة التعليم.

العشوائية في تحديد المجموعات التجريبية والضابطة:

بعد اختيار مفردات عينة البحث يبدأ الباحث فى تقسيمها إلى مجموعات تجريبية وضابطة، ويجب أن يتم هذا التقسيم بطريقة

عشوائية ، ودون أى تدخل من الباحث حتى لا يؤثر هـذا التدخل عـلى مجريـات مراحل البحث.

وفيما يلى نتذكر معا بعض الأخطاء المرتبطة بعينات البحث:

● غياب تعريف أو تحديد دقيق للمجتمع البحثى المستهدف Targeted Population مما يجعل اختيار العينة عملية صعبة أو غير دقيقة.

● يخطئ الباحث أحيانا فى تحديد حجـم العينـة الملائم لأغـراض البحـث؛ فقـد تكون أصغر من اللازم، أو يبالغ فى كبر حجمها دون داع لذلك.

● أحيانا يكتفى الباحث بما يتوافر لديه من أفراد ويختارهم كعينة لبحثه، وقد لا تكون هذه العينة ممثلة للمجتمع البحثى.

● قد لا يهتم الباحث أحيانا باتباع الأسلوب الأمثل لاختيار عينة البحث. فهل الأفضل مثلا أن يختار العينة العشوائية البسيطة أم الأفضل أن تكون عينة طبقية ، وقد يتطلب البحث اختيارا عمديا للعينة.

● يخطئ بعض الباحثين فى تحـديد عدد المجموعات التى يحتاجها البحـث .

فهل يمكن الإجابة عن تـساؤلات البحث بدقة من خـلال مجموعـة واحـدة ؟ أم يجب وجود أكثر من مجمـوعـة؟ ولاشـك أن تـصميم مـنهج البحـث يحـدد ذلك بوضوح.

- يتـدخل الباحـث بطريقـة غـير موضـوعية فى تحديـد المجموعـة التجريبيـة والمجموعة الضابطة بهدف تحقيق نتـائج معينة؛ فى حين أن هذا التحديد يجب أن يتم عشوائيا. .

- اختيار أفراد المجموعة التجريبيـة وأفراد المجموعـة الضـابطة مـن مجتمعـات بحثية مختلفة.

- محاولة تأثير الباحـث بطرق مختلفـة عـلى أفراد المجموعـة التجريبيـة لـصالح النتـائج التى يرجوها من البحـث . فمثلا يحـاول بعـض البـاحثين تـشجيع أفراد المجموعـة التجريبيـة بمنحهم هدايا ومكافآت بصـورة أو أخرى . وقد تكـون تلـك الهدايا هى المؤثر على دافعية أفراد المجموعة التجريبية ، وليس المتغير المستقل ، وهو ما ينعكس على نتائج البحث.

(وسوف نتناول هذه الفكرة مـرة أخـرى عنـد عـرض الأخطـاء الـشائعة فى تحليـل بيانات البحوث التربوية).

● يتــدخل البــاحــث بطريقــة غــير موضــوعية في تحديـد المجموعـة التجريبيــة والمجموعة الضابطة بهدف تحقيق نتائج معينة؛ في حين أن هذا التحديد يجب أن يتم عشوائيا. .

● اختيار أفراد المجموعة التجريبيـة وأفراد المجموعة الضــابطــة مـن مجتمعات بحثية مختلفة.

● محاولة تأثير الباحـث بطـرق مختلفـة عـلى أفراد المجموعة التجريبية لصالح النتائج التى يرجوها من البحث . فمثلا يحاول بعض الباحثين تشجيع أفراد المجموعة التجريبية بمنحهم هدايا ومكافآت بصورة أو أخرى . وقد تكون تلك الهدايا هى المؤثر على دافعية أفراد المجموعة التجريبية ، وليس المتغير المستقل ، وهو ما ينعكس على نتائج البحث.

(وسوف نتناول هذه الفكرة مـرة أخـرى عنـد عـرض الأخطـاء الشـائعة في تحليـل بيانات البحوث التربوية).

سادسا

أخطاء شائعة فى تصميــم وإعــداد أدوات جمــع البيـــــانات

Designing Data Collecting Tools

البيـانات هـى الوسـيلة التـى يتوصل بها الباحـث لنتائج بحثـه، والإجابة عـن تسـاؤلاته. ولذلك نقـول إن قيـمة البحـث تعتـمد على مـدى جـودة البيـانات التى يجمعها البـاحث .

The quality of the research rests upon the quality of the data

مصطلحات أساسية :

● ومن المهم أن نتفق معا على معنى بعض المصطلحـات ؛ حيث إن الخلط بينـها قد يوقع البـاحث فى عديد من الأخطـاء . ففى إطـار جمـع البيانات نتعرض للمصطلحات الآتية:

Methodology : وتعنى **المجال المعرفى** الذى يهتم بوصف وتحليل الطرق المختلفة لتجميع البيانات ، ويبين مميزات وقصور كل طريقة ، ومناسبة كل منها لأغراض معينة فى البحث التربوى.

Sites: وتشير إلى **المكان** الذى يتم فيه جمع البيانات، وقد يكون المكتبة، أو المعمل، أو المدرسة.

Method: وتشير إلى **وسائل وأدوات** جمع البيانات، ومنها: الاستبيان – الملاحظة – إجراء التجارب – المقابلات – المقاييس......

Technique: وتشير إلى **الإجراءات** المحددة التى تستخدم فى طريقة ما من طرق جمع البيانات.

مثال:

إذا كان الباحث يعتمد على المكتبة كمكان ومصدر لجمع البيانات (Site) ، فقد تكون الطريقة (Method) هى تحليل الوثائق التاريخية المتوافرة فى المكتبة . أما الإجراء (Technique) فهو تسجيل تعليقات على الوثائق ، أو تحليل محتوى بعض الوثائق.

إذا كان المكان (Site) مدرسة ، فقد تكون الطريقة (Method) دليل مقابلة أو استبيان، وقد يكون الإجراء

(Technique) هـو تصـميم اسـتمارة مقابلـة تتضـمن أسـئلة مغلـقة ، وأخـرى مفتوحـة .

● ونـنوه هنـا إلى أهميـة التـأكـد مـن أن مـا نجمـعه مـن بيـانات هـو مـا نحتـاجه فعـلا للإجـابة عـن أسـئلة البحـث ، وأننـا قـد رجعنـا إلى المكـان المنـاسـب ، واسـتخدمنا أفضـل الطـرق والإجـراءات للحصـول عليـها .

<u>صدق وثبات البيانات :   **Validity and Reliability**</u>

ولابد للباحث التأكد من سلامة أدواته ؛ حتى يتأكد أن ما يجمعه من بيانات هى بيانات تتمتع بالصدق والثبات.

وقـد جـرت العـادة أن نقـول إننـا نتحقـق مـن صـدق وثبـات الأدوات(الاختبار- الاستبيان..إلخ.) وهـذا تعبـير خطـأ. والصـواب أننـا نجـرى بعـض العمليـات عـلى الأدوات حتى نتأكد أن البيانات التى نجمعها باستخدام هذه الأدوات هـى بيانات ثابتة وصادقة.

ولا ضرر أن نكرر:

The Quality of Research Rests Upon the Quality of the Data

<u>المـوضوعية في جمـع البيـانات :   **Objectivity**</u>

من أخطر الأخطاء التى يقع فيها البـاحث في عمليـة جمـع البيـانات هـو التحيـز و التعصب؛ أى البـعد عن الموضوعية حيث يلجأ بعض البـاحثين إلى عمليـة انتقـاء مقصودة عند جمع البيانات ، يحاول

خلالها اختيار وتدوين البيانات التى تؤيد وجهة نظر ورؤية معينة، ويتجاهل بيانات أخرى تعارض هذه الرؤية . وينتشر هذا الخطأ فى جميع طرق ووسائل جمع البيانات وهنا نحتكم إلى ضمير الباحث فهو الرقيب على هذا السلوك المنافى لأخلاقيات البحث العلمى سواء فى التربية أو فى غيرها من المجالات البحثية.. وفيما يلى نستعرض بعض أدوات ووسائل جمع البيانات:

بعض أدوات جمع البيانات:

تتنوع أدوات جمع البيانات فى البحوث التربوية وفقا لنوع البحث ، وأهدافه ، والفروض التى يريد الباحث أن يتحقق من صحتها، وحجم العينة التى يتعامل معها الباحث.

ومن أهم هذه الأدوات مايلى :

- الاستبيان Questionnaire
- استطلاع الرأى Opinionnaire
- المقابلات الشخصية Interviews
- الملاحظة Observation
- الاختبارات بأنواعها Tests
- المقاييس بأنواعها Measurements
- التسجيلات الصوتية A audio Recordings

- تسجيلات صوت وصورة (فيديو) Video Recordings

ولكل من هـذه الأدوات مميـزاتها في مـواقع معينـة ، وقد لا تصلح في مـواقع أخـرى . ولذلك نقـول إن من أكثر الأخطاء الشائعة في هذا السياق هي أن يستعين الباحث بأداة غير مناسبة لبحثه .

ثم هناك أخطاء ترتبط باختيار أو تصميم أو تطبيق كـل أداة عـلى حـدة ، ونتنـاول على سبيل المثال بعض هذه الأدوات .

الاستبيان Questionnaire

يعتبر الاستبيان من أكثر الأدوات استخداما في جمع البيانـات في البحوث التربوية . ومن مميزاته أنه وسيلة مناسبة وناجحـة لتجميـع البيانات مـن أعـداد كبيرة مـن الأفراد، ومن أماكن متباعدة وفي وقت واحد. كما أنه وسيلة غير مكلفة لتجميع كم كبير من البيانات. وإذا كان الاستبيان جيد التصـميم ، فـإن البيانات المجمعـة عـن طريقه تكون سهلة التصنيف والتحليل إحصائيا.

يقـدم الاسـتبيان للأفـراد المسـتهدفين إمـا باليـد أو عـن طريـق البريـد؛ ولكـل مـن الأسلوبين مميزاته ولكل منهما مشكلاته.

ونستعرض فيما يلي بعض الأخطاء في إعداد وتطبيق الاستبيان:

- أن يستخدم الباحث الاستبيان للحصول على معلومات يمكنه الحصول عليها بالاطلاع على بعض الوثائق أو بطرق إخرى بديلة.

- ألا يتبع الباحث الإجراءات العلمية والخطوات اللازمة لتصميم الاستبيان والتحقق من صدقه وثباته.

- ألا يهتم الباحث بتوضيح هدف هذا الاستبيان للمستجيبين، وأن يشكرهم على التفضل بالمشاركة .

- يبالغ بعض الباحثين فى عدد الأسئلة ، ويتطلب ذلك وقتـا طويلا مـن المستجيب ؛ مما قد يترتب عليه رفض البعض مـلء الاستبيان .

- أن يتضمن الاستبيان أسئلة خارج إطار معلومات المستجيب.

- عـدم اهتمـام بعـض الباحثين بتنظيم و ترتيب شكل صفحات الاستبيـان ، مما يقلل من حماس الأفراد للاستجابة .

- عدم الاهتمام الكافى بتنظيم صفحات الاستبيان ؛ بحيث يحفز المستجيب للاستجابة ، ويساعده على فهم مكونات الاستبيان.

- الصياغة الركيكة للأسئلة ، أو استخدام مصطلحات لا تتناسب مع المستوى الثقافى للمستجيبين ، قـد يـؤدى إلى سوء الفهم مما يـؤثر على صدق الاستجابات.

- استعمال صياغات موحية بإجابات معينة :

قارن بين هاتين الصياغتين:

(أ) هل أنت راض عن ظروف العمل في مدرستك؟

(ب)هل ظروف العمل في مدرستك تلائم آدمية الإنسان المتحضر؟

مثال آخر:

(أ) هل أديت واجبك ومارست حقوقك السياسية بالمشاركة في الانتخابات الأخيرة ؟

(ب) هل شاركت في الانتخابات الأخيرة ؟

- استخدام الأسئلة المعتمدة على النفي ؛ والتي تعني أن ينفي المستجيب هذا النفي لكي يقول إنه موافق. **مثال** : إلى أي مدى لا تتفق مع الرأى الذى ينادى بعمل المرأة في المناصب الإدارية؟

- الأخطاء اللغوية في الكتابة ، سواء أكانت أخطاء إملائية أم نحوية ، أم في أسلوب الكتابة ، مما يعطي انطباعا سيئا عن مستوى الباحث .

- إذا سلم الباحث الاستبيانات يدويا ، أو أرسلها بالبريد وأهمل في متابعتها ، فقد يترتب على ذلك نقص في أعداد عينة البحث مما يؤثر بلا شك على النتائج.

استطلاع الرأى: Opinionnaire

أو مقياس اتجاهات: Attitude Scale

هناك فرق بين الاستبيان واستمارة استطلاع الرأى ، والتى يطلق عليها أحيانا مقياس اتجاهات ؛ حيث إنه من الصعب قياس الاتجاهات مباشرة ، فنعتمد على ما يقوله الفرد من آراء نحو مواقف معينة ؛ لنستشف منها اتجاهاته نحو هذا الموقف.

وهناك فرق بين استمارة استطلاع الرأى والاستبيان ، من حيث الهدف ونوع الأسئلة. فالاستبيان يهدف إلى تجميع معلومات وحقائق لا خلاف عليها، بينما استطلاع الرأى يهدف إلى تجميع آراء فردية ووجهات نظر المستجيبين ومشاعرهم نحو موضوع معين.

فبينما قد يسأل الباحث المستجيب للاستبيان: ما عدد أولادك؟ فإنه فى استطلاع الرأى يسأله: ما عدد الأطفال المناسب لأسرة متوسطة الدخل؟. وقد تقدم له بدائل مثل: العدد الأمثل للأطفال لأسرة متوسطة الدخل فى مصرـ هو: طفلان- ثلاثة- أربعة-(رأى آخر يرجى كتابته).

وبينما يسأل فى الاستبيان: كم كان عمرك عندما تزوجت؟ نجده فى استطلاع الرأى يسأل : من وجهة نظرك ... فى أى سن يجب أن يتزوج الرجل؟ وفى أى سن يحسن أن تتزوج الفتاة؟

أو قد يقدم له بدائل ليتخير من بينها.

وهكذا نجد الأسئلة في استمارة استطلاع الرأى ؛ إمـا سـؤال مبـاشر ، أو اختيـار مـن بدائل، أو يطلب من المستجيب تحديد درجة موافقته على عبارة معينة:

مثلا: يجب أن يكون تعيين عمداء الكليات بالانتخاب

(موافق جدا – موافق – غير متأكد – غير موافق – غـير موافـق بـالمرة). وهـو مـا يعرف باسم مقياس ليكرت Likert Scale.

وعادة يدور مقياس الاتجاهات حول محور واحـد ، أو عـدد محـدود مـن المحـاور، التى تدور حول الموضوع المطلوب اسـتطلاع الـرأى ، أو تعـرف اتجاهـات الأفـراد حوله. ويحـاول الباحـث تغطيـة المحـور بـأكثر مـن سـؤال ليتعـرف وجهـة نظـر المستجيب بشكل شامل ومتكامل.

ومن الأخطـاء الشـائعة في إعـداد وتطبيـق اسـتمارات اسـتطلاع الـرأى أو مقاييس الاتجاهات ما يلى:

● أن يستخدم الباحث مـا يطلـق عليـه اسـتمارة اسـتطلاع رأى ، وهـو في الواقع يحاول تجميع بيانات واقعية متفق عليها، ولا تختلف إجابتها من فرد إلى آخر.

● عدم توضيح أهداف الاستمارة ، وشرح طريقة الاستجابة المطلوبة.

- أن يغفل الباحث أن يطمئن المستجيب على كيفية استخدام ما يدلى به من آراء شخصية، والتأكيد على سريتها، وأنها لأغراض البحث العلمى فقط.

- وتتكرر الأخطاء التى ذكرنا أنها تحدث فى الاستبيان فى استمارة استطلاع الـرأى؛ من حيث صياغة الأسئلة ومستوى اللغة ، وترتيب الأسئلة وتـدرجها ، وتنسـيق وتنظيم صفحات الأداة والاهتمام بشكلها مما يشجع المستجيب على استكمالها بعناية.

المقابلات الشخصية The Interview

أو المقابلة البحثية: Research Interview

تعتبر المقابلة الشخصية استبيانا شفويا، وبدلا من أن يكتب المستجيب استجاباته ، فإنه يعطيها شفاهة ، وفى لقاء وجها لوجه مع الباحث. تستخدم المقابلة الشخصية فى البحوث التربوية المسحية بكثرة ، وهى تفضل الاستبيان واستمارة استطلاع الـرأى عندما يكون المستـهدفون مـن الأميـين أو مـن الأطفـال الـذين لا يجيـدون القراءة والكتابة.

تتطلب المقابلة الشخصية إعدادا جيدا للأسئلة التى سوف تطرح؛ بحيث تركزعلى تحصيل البيانات التى تحقق أهداف البحث. وعلى الباحث ترتيب المكان والمواعيد اللازمة لهذه المقابلة ،

وذلك حرصا على وقت الأفراد. كما يجب عليه إعداد قائمة بالأسئلة التى سيوجهها حتى يضمن توحيد الأسئلة التى توجه لجميع الأفراد؛ سواء كانت أسئلة محددة ، أو أسئلة مفتوحة ، أو أسئلة اختيار من بدائل متعددة.

كما يجب إعداد طريقة تسجيل الاستجابات؛ وقد تكون تسجيلا صوتيا أو تدوينا ورقيا. ولاشك أن التسجيل الصوتى أفضل لأنه يتيح للباحث فرصة متابعة انفعالات المستجيب (وهى مهمة جدا فى بحوث قياس الاتجاهات)، كذلك يتمكن الباحث من الاستماع اليها أكثر من مرة ليستنبط كل ما قيل وما وراء الكلمات.

يتوقف نجاح المقابلة الشخصية أو ما يمكن أن نطلق عليها (المقابلة البحثية) على نجاح الباحث فى الخمس دقائق الأولى، والتى عليه أن يقوم فيها بتقديم نفسه وشرح أهداف هذه المقابلة، ونشر الإحساس بالطمأنينة لدى المستجيب، والتأكيد على سرية ما يدور فى المقابلة ، وأنها لن تستخدم لغير أغراض البحث العلمى.

<u>من الأخطاء التى قد تحدث فى المقابلة البحثية ما يلى:</u>

● أهم هذه الأخطاء هو التقصير فى الإعداد الجيد للمقابلة.

● فشل الباحث فى خلق جو من الثقة والحميمية بينه وبين المستجيب.

● أن يستخدم الباحث لغة لا تناسب مستوى المستجيب مما ينتج عنه سوء فهم للأسئلة ، أو سوء تفسير الاستجابات.

- أن يتعالى الباحث فى أسلوب طرح الأسئلة ، أو يبدى تعبيرات بالوجه تدل على هذا التعالى.
- أن يضغط الباحث على المستجيب ؛ ليدفعه نحو إجابة معينة يريدها هو ولا تعبر عن رأى المستجيب.
- أن يهمل الباحث فى التدوين أو التسجيل الفورى للحوار، مما يترتب عليه نسيان ما قيل ، فيعتمد الباحث على ذاكرته ، والتى قد تبتعد عن الحقيقة.
- أن تختلف الأسئلة وأسلوب التعامل من فرد إلى آخر من المستجيبين ، مما يشكك فى نوايا الباحث وتحيزه ؛ وهذا يقلل من صدق البيانات ، وبالتالى تفسيرها من قبل الباحث.

الملاحظة: Observation

لاشك أن الملاحظة المباشرة هى أصدق وأنسب الوسائل لجمع البيانات الخاصة بسلوك الأفراد، والحكم على مستوى أدائهم ومهاراتهم العملية. وتستخدم الملاحظة فى كثير من البحوث التربوية التى تهتم بقياس السلوك والأداء والتفاعلات بين الأفراد. وهى من أهم الأساليب المستخدمة لدراسة ما يحدث فى الفصول من سلوك المعلم والمتعلمين، والحكم على مهارات التدريس لدى المعلم، ولمراقبة تفاعل الأطفال مع بعضهم البعض، وقياس مستوى أداء المتعلم فى بعض المهارات العملية..وغيرها من الاستخدامات فى البحوث التربوية.

وتعتمد الملاحظة على المتابعة البصرية المباشرة ، وتدوين ما يحـدث أولا بـأول ، أو تعتمد على استخدام بطاقة ملاحظـة مـدون بهـا السـلوك المتوقـع ملاحظته، مـع مقياس لتقدير الأداء.

وبدخول التكنولوجيا الحديثة ، أصبح من الممكن تسجيل كـل مـا نريد ملاحظتـه بالصورة والصوت ، مما يمكننا من إعادة عرض ما تم تسجيله ببطء ، لدقة الملاحظة ، والدراسة المتأنية، واكتشاف نقاط القوة ونقاط الضعف في السلوك الملاحظ.

ولنجاح الملاحظة كوسيلة لجمع البيانات للبحث التربوي ، فمن الضروري أن تكون ملاحظة مخططة وهادفة ومركزة. ويجب أن يقوم بها شخص مـدرب وفاهم تمامـا لهدف البحث ، وأن يبتعد الملاحظ عن التحيز والذاتية في تسجيل ما يلاحظه.

ونظرا لتدخل العنصر البشري في عملية الملاحظة ، فكثيرا ما تحدث أخطاء تؤثر على مستوى جودة البحث التربوي.

نعرض فيما يلي بعض هذه الأخطاء:

<u>أخطاء محتملة في الملاحظة:</u>

- عدم تدريب الملاحظين على مهارة الملاحظة، واستخدام الأدوات المعدة لذلك.

- الاكتفاء بملاحظ واحد يقلل من صدق البيانات المسجلة.

- محاولة الملاحظ تسجيل أكثر من جانب من جوانب الموقف في جلسة ملاحظة واحدة .

- أن يخلط الملاحظ بين أنواع المتغيرات التي يريد ملاحظتها وهي:

١. ملاحظات وصفية مطلوب أن يدون الملاحظ ما يراه دون أي تغيير.

٢. ملاحظات استنتاجية ؛ وفيها يستدل الملاحظ على سمة معينة بناء على سلوكيات تمت ملاحظتها

فمثلا من تصرفات المعلم مع تلاميذه يستدل الملاحظ أن هذا المعلم يتمتع بقدر كبير من الحماس لمهنته. والحماس في حد ذاته لايمكن ملاحظته، ولكن من خلال مؤشرات سلوكية متعددة نستطيع أن ندرك سمة الحماس.

٣. ملاحظات تقييمية؛ وفيها يحكم الملاحظ علىالسلوك الذى يلاحظه في ضوء مقياس تقدير معد مسبقا لذلك .

ويجب أن يلتزم الملاحظ بهدف الملاحظة ، ولا يخلط بين أنواع الملاحظات السابق ذكرها.

- لضمان جودة ودقة الملاحظة يحسن أن تكون لفترة زمنية قصيرة ؛ حيث طول فترة الملاحظة يؤثر على القائم بالملاحظة ، وأيضا على من يلاحظهم.

- أحيانا يبدأ الملاحظ فترة الملاحظة ولديه توقعات مسبقة عما سوف يلاحظه ، وعلى مستوى السلوك المطلوب ملاحظته. وكثيرا ما يدون ملاحظات تماثل توقعاته المسبقة.

- ينبهر الملاحظ أحيانا بشخصية من يريد ملاحظته؛ فقد يكون وجيها وشكله محترم، أو يكون لطيفا خفيف الدم ...فيؤثر ذلك على الملاحظ ويرى كل ما يصدر عن هذه الشخصية جميلا ورائعا، وقد لا يكون كذلك. وقد يحدث العكس إذا لم يعجب الملاحظ بشخصية من يلاحظه.

- يميل كثير من الباحثين إلى توخى السلامة ، وتسجيل كل ما يلاحظه على أنه "متوسط". فتخرج النتائج قليلة المعنى والفائدة العلمية.

- كثيرا ما يتسبب وجود الملاحظ في التأثير على سلوك من يلاحظهم، وبخاصة الأطفال. لذلك ينبغى أن يمنع الملاحظ هذا التأثير بأن يقوم بالملاحظة من وراء مرآة تسمح بالنظر من وجه واحد دون أن يراه من هم في الجانب الآخر one way mirror.

- عدم الاهتمام بالتأكد من صدق وثبات أدوات الملاحظة المستخدمة مما يؤثر على قيمة النتائج.

******

اتضح لنا من العرض السابق لبعض أدوات جمع البيانات لأغراض البحث التربوى أن لكل أداة مميزات ولكل منها سلبيات. لذلك نرى أن يعمل الباحث إلى تدارك هذا القصور باتباع فكرة التثليث، وفيما يلى شرحا مختصرا لمفهوم التثليث وأهميته.

التثليث: Triangulation

اشتق مصطلح تثليث من كلمة مثلث، وهو مدخل تعددى لجمع البيانات لأغراض البحث العلمى، وهو يهدف إلى تلافى القصور فى أدوات جمع البيانات السابق الإشارة إليها، وذلك باستخدام طريقتين أو ثلاث طرق لجمع البيانات المرتبطة بظاهرة معينة أو سلوك معين.

ولا يقتصر مدخل التثليث على أدوات جمع البيانات ، إنما يمتد إلى:

تثليث المكان: بمعنى إجراء البحث فى أكثر من موقع. فقد يكون للبيئة الطبيعية أو الاجتماعية تأثير على المتغيرات البحثية ، فتختلف آراء تلاميذ المدن عن آراء من يسكنون فى الريف مثلا.

تثليث الزمان: ويعنى إجراء البحث وتكراره على فترات زمنية متعددة. فإذا كان الباحث يحاول قياس اتجاهات التلاميذ نحو الأنشطة المدرسية، فلا مانع أن يتعرف الباحث على آراء التلاميذ

مرة أثناء الدراسة وهم مشغولون بالدراسة والامتحانـات ، ومـرة أخـرى أثنـاء الإجازة الصيفية ولديهم وقت فراغ ممل أحيانا.

<u>تثليث الباحثين</u>: أو الملاحظين وعدم الاعتماد على ملاحظ واحد. وهذا بلا شك يقلل من احتمال تحيز الملاحظ الأول أو ضعف إمكاناته، ويعطى ذلك ثقة أكبر وصدق أقوى للنتائج.

<u>تثليث منهج البحث</u>: ويعنى دراسة الظاهرة البحثية بأكثر من منهج. فمثلا لو أن الباحث يجرى دراسة مسحية لظاهرة معينة وخرج بمجموعة نتائج ؛ فلمزيد مـن التأكد من هذه النتائج يجرى الباحث لقاءات بحثية مع بعض الشخصيات المرتبطة بموضوع البحث ، ويطرح عليهم النتائج ، ويطلب رؤيتهم لها ، وتعليقاتهم عليها.

<u>تثليث عينة البحث</u>: بعنى عدم الاكتفاء بنوعية واحدة مـن الأفراد ليحكمـوا علـى موضوع معين ، فإذا أراد الباحث مـثلا تقيـيم تجربـة التقـويم الشامل في المدرسـة المصرية ؛ فقـد تكـون الإفـادة أكبر عنـدما يختار عينـة مـن التلاميـذ، وعينـة مـن المعلمين، وعينة من أولياء الأمور ، وسوف يكتشف مدى الاختلاف في الحكم علـى التجربة ، ولا يتسرع بتعميم نتائج صدرت من نوعية واحدة.

أسئلة مهمة

على الباحث أن يسأل نفسه : ما الفائدة التى تعود على البحث نتيجة للتثليث؟ وهل تلك الفائدة تعادل المجهود والوقت والتكاليف اللازمة؟ وما نوع البيانات اللازمة فى كل مدخل من المداخل المتعددة؟ وكيف سيتعامل مع تلك البيانات ليستخلص نتائجه؟ وماذا أفعل إذا تناقضت البيانات تبعا لمصادرها؟ ولاشك أن إجابات تلك الأسئلة تتوقف على أهداف البحث وأسئلته.

والمعروف علميا أن الهدف الأساسى لأى تصميم بحثى هو أن يتأكد الباحث من صدق نتائجه. وهناك مجموعة عوامل تؤثر فى مدى صدق تصميم البحث؛ سواء الصدق الداخلى أو الصدق الخارجى. فهيا نتعرف على هذه العوامل.

****

الصدق الداخلى والصدق الخارجى لتصميم البحث :

Internal and External Validity of Research Design

نود هنا أن نطرح بعض العوامل التى قد تؤثر على مدى صدق التصميم البحثى ، سواء الصدق الداخلى أو الصدق الخارجى .

ولعله من المفيد أن نتفق أولا على معنى هذين المصطلحين.

الصدق الـداخلى :

ويقصد به مدى الـثقة الذى يمكننا من إرجاع نتائج تجربة البحـث إلى المتغيرات التجريبية التى أدخلناها لنتعرف التغيرات التى حدثت بسببها . .

الصدق الخـارجى:

ويهتم بمدى إمكانية تعميم نتائج هـذا البحـث ؛ بمعنـى ...فى أى المجتمعات البحثية ، فى أى المواقع ، مع أى متغيرات يمكننا تعميم تلك النتائج؟

ويجب التأكيد على أهمية كلا النوعين من صدق التصميم البحثى، وإن كان زيادة أحدهما قـد يـؤدى إلى انخـفاض الآخر. ولكننا نقول إن الصدق الداخلى هو حتمية لا يمكن التنازل عنها ، بينما الصدق الخـارجى يكون دائمـا محل تسـاؤل . ويبقى هـدف الباحث اختيار تصميم بحثى يحاول ضمان نوعى الصدق.

وفيما يلى نقدم بعض المتغيرات التى قد تؤثر على الصدق الداخلى لتصميم البحـث ، والتى إذا لم يتأكد الباحث من ضبطها فى التصميم التجريبى ، فإن النتائج تصبح موضع شـك.

● تأثير الزمـن History:

إن تأثر أفراد العينة بما قد يحـدث بـين القياس القبلى والقياس البعـدى؛ هـو متغير يضاف تأثيره إلى تأثير المتغير التجريبى .

● نضـج أفـراد العينـة Maturation:

يتغيـر أفراد العينة بين القياسـين القبلى والبعـدى ؛ فقد يصبحون أكثر إرهـاقـا، أو أكثر جوعا ، أو أكبر سـنا (إذا امتـدت تجربة البحـث لسـنوات) ... ولاشـك أن ذلك يغيـر من مواصفات العينـة الأصليـة المستهدفة ، ويـؤدى ذلك إلى التساؤل ...هـل نرجـــع نتائـج البحــث إلى المتغير البحـثى أم إلى هـذه التغيــرات فى أفـراد العينـة؟

● تأثير القياسـات القبليـة Testing:

عندما يتعرض أفراد العينة لبعض القياسات أو الاختبـارات قبل تجربة البحـث فإن بعض ما ورد فى هذه الاختبـارات يتكرر فى الاختبـارات البعـدية ، ولأن الأفراد قد مروا بهـذه الأسـئلة من قبـل ، فتكون استجاباتهـم الثانيـة متـأثرة بمعرفتهـم بهـذه الأسـئلة. وقد يشكك ذلك فى النتائج.

بعض العوامل التى قد تؤثر على الصدق الخارجى لتصميم البحث:

- نعود هنا إلى تأثير الاختبارات القبلية؛ Interaction Effect of Testing

فكما أنها تؤثر على الصدق الداخلى، فإنها أيضا تقلل من مستوى الصدق الخارجى حيث إن أية مجموعة جديدة نود تعريضها للمتغير التجريبى سوف تختلف عن عينة البحث التى تعايشت مع أسئلة واختبارات قطعا ترتبط بالمتغير التجريبى . فكيف يصح التعميم على هاتين المجموعتين؟

- تأثير تحيز الباحث عند اختيار عينة بحثه التجريبية

Biases in Selecting the Experimental Group ويؤدى ذلك إلى صعوبة تعميم النتائج على مجموعات مختلفة.

- صعوبة توفير نفس البيئة والظروف التى تمت فيها تجربة البحث لمجموعات أخرى

Effects of the Experimental Arrangements .

وسوف نناقش ذلك عند الحديث عن التفسيرات الخطأ للنتائج.

****

سابعا

أخطاء فى تحليل البيانات واستخلاص النتائج

Data Analysis and Results

فـور انتهاء الباحث مـن تجميع البيانات اللازمة للبحـث ، يبـدأ فى تطبيق الأساليب الإحصائية المناسبة عـلى تلك البيانات لاستخلاص نتـائج البحـث ، والإجابـة عـن تسـاؤلاته، والتحقق من مدى صحة الفروض.

والأخطاء التى يقع فيها بعض الباحثين فى استخدام وتطبيق المعادلات الإحصائية كثيرة ومتنوعة. ولا يتسع المجال هنا لطرح ومناقشة هذا الجانب المهم فى البحوث باستفاضة، ونكتفى بعرض أكثر الأخطاء شيوعا ، ومنها مايلى:

● أن يبدأ الباحث فى تجميع بيانات البحث دون أن يحدد مسبقا نوع المعالجة الإحصائية التى سوف يستخدمها فى تحليل تلك

البيانات. إن تحديد أساليب المعالجة الإحصائية قبل جمع البيانات، وحتى قبل تصميم أدوات جمع البيانات يـوفر كثيرا مـن الوقت والجهـد والتكـاليف ، و يضمن تطبيق الأسلوب السليم والتوصل إلى نتائج موثوق بها.

● المعروف علميا أن المعالجات الإحصائية هى وسيلة يستخدمها الباحـث ليحـول البيانات الخام التى جمعها إلى خلاصات ونتائج لها معنى ولها دلالة. معنى ذلك أن العمليات الإحصائية فى البحوث التربوية ليست هدفا فى حد ذاتها. ولا توجد ضرورة للإكثار من المعالجات الإحصائية فى البحث إلا بالقـدر اللازم لاستخلاص النتائج المطلوبة.

● يخطئ بعض الباحثين فى اختيار المعادلات الإحصائية اللازمـة لاستخلاص نتيجـة معينة، وتطبيقها فى غير موضعها. وعليه التمييز بين المصطلحات الآتية:

قياس متوسطات:Central Tendency or Averages

Mean

Median

Mode

قياس التشتت أو الانتشار : Spread or Dispersion

Deviations

Variance

Standard deviation

قياس الرتبة أو الترتيب: Relative position

Percentile rank

Percentile score

Standard scores

قياس العلاقات ومعامل الارتباط :

Coefficient of Correlation Relationships

- على الباحث استخدام المعالجات الإحصائية التى توصله للنتائج المطلوبة؛ ولا يخلط بين تلك المفاهيم والمصطلحات حيث لكل منها معادلات خاصة يجب الالتزام بها.

- أن يستخدم الباحث معالجات إحصائية تصلح للعينات الكبيرة مع عينة بحثية صغيرة العدد.

- أن يخلط الباحث فى تفسير الدلالة الإحصائية للنتائج ودلالاتها التربوية العملية.

- أن يعتمد الباحث على شخص متخصص فى الإحصاء لعمل التحليل الإحصائى للبيانات دون أن يشرح له مشكلة البحث

وأهدافه، ولا يحاول أن يفهم منه كيفية تطبيق المعادلات الإحصائية ليطمئن على نتائجه.

● إذا استخدم الباحث الكمبيوتر لإجراء المعالجات الإحصائية للبيانات، فعليه أن يستخدم البرامج المناسبة، والاهتمام بإدخال البيانات بدقة حتى يضمن صحة البيانات وصدقها.

تفسيرات خطأ:

يفرح الباحث بنتائج البحث ويسعد بفعالية المتغير المستقل الذى يهدف إلى معرفة مدى تأثيره على أفراد البحث، ويبدأ فى تفسير النتائج ويوصى بالتعميم على المجتمع بأكمله.

وهنا نتوقف وقفة حاسمة لنناقش مع الباحث مدى صحة هذه النتائج، وهل ترجع فعلا لهذا المتغير؟؟؟؟

تأثير هوثورن: Hawthorne Effect

ترجع هذه التسمية إلى تجربة بحثية أجريت فى شركة لتصنيع أدوات كهربائية دقيقة؛ وكانت فى مدينة اسمها هوثورن فى الولايات المتحدة الأمريكية. كان هدف البحث قياس تأثير زيادة الإضاءة فى ورش العمل على جودة الإنتاج.

اهتمت إدارة المصنع بالعمال المشاركين فى التجربة، وعقد معهم المدير عدة اجتماعات لمناقشة أهمية مشاركتهم فى التجربة، واستمع إلى مقترحاتهم ...

وتم زيادة الإضاءة بالتدريج، وفعلا زاد الإنتاج، وقلت الأخطاء والحوادث. وبالتدريج أيضا تم تخفيض الإضاءة...والغريب أن زيادة الإنتاج استمرت فى التصاعد ! !

وفسر فريق البحث تلك النتائج بأنها ترجع إلى تغيير معاملة العمال ، وليس لتغيير الإضاءة. وعرفت مثل هذه النتائج بتأثير هوثورن.

وظهر هذا التأثير فى بحوث تربوية كثيرة حظى فيها أفراد التجربة البحثية بعناية خاصة ، وأنجزوا انجازات متميزة. وظل السؤال:

هل تعود النتائج إلى المتغير البحثى أم هو تأثير هوثورن؟؟

وعلى الباحث ألا يقع فى هذا الخطأ الذى بلاشك يؤثر على صدق نتائج البحث وقيمتها التطبيقية.

تأثير جون هنرى: John Henry Effect

خطأ آخر يحدث في تفسير النتائج عند مقارنة مستوى المجموعة

الضابطة بمستوى المجموعة
التجريبية. وترجع هذه التسمية
إلى سائق القطار الذي كان يقود
القطـار يـدويا ، عنـدما بـدأ
تجريـب القطـار الـذي يعمل
بالبخار.

ودفعته غيرته من هذه الآلة الجديدة التى تهدد بقاءه في العمـل إلى أن يتحـداها؛
فبذل جهدا فوق العادى ليسبق قطاره هذا القطار الذي يعمل بالبخار. ونجـح أو
قاربت سرعته سرعة القطار الجديد. ولكن جون هنرى أصيب بإرهاق شديد كاد أن
يودى بحياته.

يحدث هذا التأثير في البحوث التربويـة ، عنـدما يقدم البحـث أسـلوبا جديدا أو
استراتيجية مبتكرة في التدريس مثلا. ويشعر المعلمون أن في ذلك تهديدا لمكانتهم
وإقلالا من شأنهم لو أنهم استمروا في استخدام طرقهم التقليدية. فتتولد لـدى
أفراد العينة الضابطة دافعية قوية لإثبات أن طرقهم ليست أقل مـن تلك الطرق
الجديدة التى يقدمها البحث، فيبذلون جهدا غير عادى مع تلاميـذهم، ويحسنون
أساليبهم التقليدية. وعنـد مقارنـة النتائـج يفاجـأ الباحـث بعـدم وجـود فـروق
جوهرية بين المجموعتين. وتفسر النتائج خطأ لصالح المجموعة الضابطة.

لذلك يوصى أحيانا باختيار المجموعة الضابطة مـن نفس المجتمـع البحثى ولكـن بعيدا عن المجموعة التجريبية، وتجنب إشعار أفرادهـا بـأى نـوع مـن التهديـد أو الإحباط.

تأثير بيجماليـون: The Pygmalion effect

وهذا الخطأ في تفسير النتائج ، يرجع حسب ما يدل عليه المصطلح؛ إلى التوقعـات العالية التى يرسمها الباحث فى خياله لنتائج بحثه. وبدون أن يشعر يبذل الباحث جهدا غير عادى أثناء وخلال مراحل البحث ؛ ليحقق المستوى الذى يتمناه ، وليس بالضرورة المستوى الطبيعى الـذى يحققـه البحـث. وتخـرج النتـائج محققـة لهـذا التوقع.

وبناء على ذلك ، يوصى الباحث بتعميم النتائج، و هذا التعميم سوف يفشل لعدم ضمان توافر الحماس والإصرار غير الطبيعى المصاحب للتنفيذ.

****

ثامنا

أخطاء فى سلوك وأخلاقيات الباحث
Ethical Pitfalls

الباحث المتميـز هـو خُلـق أولا وعلـم ثانيا. ولـذلك هناك مجموعة أمور يجب طرحها ومناقشتها ونحـن بصدد الكلام عن الأخطاء الشائعة فى البحث التربوى.

<u>فيما يتعلق بالإجراءات القانونية:</u>

● يغفل الباحث الإجراءات القانونية اللازم اتباعها فى بعض مراحـل البحـث؛ مثل اسـتخراج التصاريح الرسـمية ، أو الحصـول عـلى موافقـات الجهـات المسئولة.

● عدم الالتزام بالشفافية والصدق فيما يتعلق بأهداف البحث وما سوف يتم فيه من إجراءات، وما يتطلبه ذلك من موافقات من جهات معينة، وأية تكاليف سوف تتحملها المؤسسة، والوقت اللازم...

● إغفال حق الأفـراد فى معرفـة أنهـم يشـاركون فى بحـث معيـن ، ومـنحهم حـق الموافقـة أو الرفض . وفى حالـة الأطفال موافقـة أوليـاء الأمـور ؛ وبخاصة إذا كـان البحـث يعرّض الأطفال لمواقف غير مألوفة أو غير عادية بالنسبة لهم.

● إغفال مشاركة النتائج مع من ساهموا فى البحث إذا طلبوا ذلك.

● إغفـال حقوق الملكية الفكرية للأفراد الذين استعان بمؤلفاتهم، وتجاهل إرجـاع الفضل لأصحابه لكل من ساعد وسـاهم فى إنجاز هـذا البحـث.

<u>فيما يتعلق بالجوانب الاجتماعية:</u>

يخطئ بعض الباحثين أحيانا فى أسلوب تعاملهم مع من يتعاون معهم من الأفراد خلال مراحل البحـث؛ سواء كان هؤلاء من زملاء الباحـث الـذين يستعين بهـم فى بعض المهام، أو كانوا من أفراد عينـة البحـث، أو مـن الإداريين المـرتبطين ببعض إجراءات البحث، أو حتى من الأساتذة المشرفين على البحث.

وعلى الباحث أن يدرك ويقدر أنه فى بداية مشواره العلمى والأكاديمى، وأنه مـرآة يرى فيها الناس صورة الكلية التى ينتمى اليها، والجامعة التى يحمـل اسـمها، بـل ويرون نموذجا يمثل مجال التربية والعاملين فيه.

<u>ونلخص الأخطاء التى قد يقع فيها الباحث فى السلوكيات الآتية:</u>

● <u>إنعدام الشفافية والصراحة والوضوح:</u>

فلايقدم الباحث نفسه إلى أفراد العينة بصراحة، ولا يعرفهم أنهم سوف يشاركون فى بحث يجريه للحصول على درجة الماجستير أو الـدكتوراه ، ولا يعـرفهم دورهـم فى تجربة البحث، وما العائد

عليهم مـن هـذه المشاركة، وهل هنـاك احتمـال لأى ضرر يصيبهم مـن جـراء اشتراكهم فى هذا البحث.

والمفروض إطلاع أفراد العينة بهذه الأمـور بكـل وضـوح وصراحـة. ولابـد أن يمنح المشاركون الحق فى الموافقة أو رفض الاشتراك فى البحث.

وإذا كانت العينة من الأطفال الصغارأو من ذوى الإعاقات فيجب_كـما قلنا مـن قبل_أن يحصل الباحث على موافقة أسرهم.

إذا اعتقد الباحـث أن تصريحه بأهـداف البحـث وإجراءاتـه يمكن أن يـؤثر علـى سلوك المشاركين ، وبالتالى على نتائج البحـث، فهنـا عليـه أن يقـدر مـدى احتمـال تعرض أفراد العينة لأية أضرار علمية أو نفسية أو بدنية؛ فإذا لم يكن هنـاك أضرار متوقعة فعندئذ يجوز عدم الإفصاح بإجراءات البحـث علـى أن يصارحهم بمـا تـم بعد نهاية البحث.

● عدم مراعاة السرية:

من أخلاقيـات الباحـث أن يحـتفظ بأيـة بيانـات خاصة بـأفراد العينـة ولا يفشى_ أسرارهم ولا يذكر أسماءهم مقرونة بتلك المعلومـات التى حصل عليهـا لأغـراض البحث العلمى فقط. وحرصا من الباحـث ألا يقـع فى هـذا الخطـأ أن يتبـع نظـم الترميز عند الإشارة إلى أفراد عينة البحث.

● عدم احترام المشاركين :

حيث ينظر بعض الباحثين إلى نفسه من منطلق ارتباطه بالجامعة، ويتعالى فى معاملته على الأفراد مما يعتبر إهانة لهم. وهنا نقول للباحث إن من تتعامل معهم فى إجراءات البحث إنما يقدمون لك ولأساتذتك، بل ولجامعتك خدمة جليلة بموافقتهم على المشاركة فى بحثك بطريقة أو أخرى، وهم يستحقون كل الاحترام والشكر والتقدير وليس العكس.

● <u>التجاوز عما قد يصيب المشاركين من ضرر:</u>

ويأخذ الضرر هنا اشكالا مختلفة منها ما قد يكون بدنيا، وذلك طبعا تبعا لطبيعة موضوع البحث وأهدافه. وقد يؤثر البحث على سمعة المؤسسة التى يجرى فيها البحث. وقد تؤدى نتائج البحث إلى توتر فى العلاقات بين الأفراد، وقد يتعرض المشاركون فى البحث إلى معاملات مهينة أو مسيئة لكرامتهم. ومن أخلاقيات الباحث التربوى أن يعمل على تفادى هذه الأضرار بجميع أنواعها.

● <u>عدم مراعاة اختلاف الثقافات:</u>

إذا أجرى البحث فى ثقافة مغايرة لثقافة الباحث، فعليه تفهم طبيعة هذه الثقافة وتقاليدها وقيمها، وعليه احترام هذه الاختلافات ومراعاتها فى كل خطوات البحث؛ فالبيانات التى يمكن أن نسأل عنها ببساطة شديدة فى ثقافة معينة قد تعتبر محظورة فى ثقافة أخرى. والأساليب التى تستخدم لجمع البيانات (التصوير مثلا) قد لا يسمح بها فى بعض الثقافات.

● **طرق وأبعاد استخدام نتائج البحث:**

من أخلاقيات الباحث الالتزام بألا يستخدم أية معلومات أو نتائج توصل اليها من خلال بحثه إلا في أغراض البحث التربوي وفي إطار حدوده المعلنة مسبقا. ومن حق المشاركين في البحث الحصول على نسخة من نتائج البحث؛ ويتوقف ذلك على من هم المشاركون وما مواقعهم ، وكيف يمكنهم الإفادة من هذه المعلومات.

● **التحيز نحو مجموعات البحث:**

على الباحث أن يتجنب التدخل في توجيه سلوك أفراد العينة، سواء كانوا في المجموعة التجريبية أو المجموعة الضابطة؛ بهدف التحكم في نتائج البحث في اتجاه معين. وكما سبق أن ذكرنا أن الباحث المتميز يتجنب التحيز والتعصب نحو مجموعة مقابل مجموعة أخرى ، ويتحلى بالحياد طوال مراحل البحث..

<u>فيما يتعلق بالجوانب العلمية:</u>

تعرضنا لشرح الأخطاء العلمية التي يقع فيها بعض الباحثين خلال مراحل البحث المختلفة. وما يهمنا في هذا الجزء من الكتاب هو مناقشة سلوك الباحث وأخلاقياته إزاء الجوانب العلمية في البحث.

وأهم الأخطاء التي نود الإشارة إليها هي:

● عدم الدقة في جمع البيانات.

●

● عدم الشمول فيما يراجعه من أدبيات.

● عدم الاهتمام بالرجوع للمصادر الأصلية في جمع البيانات.

● تحريف ما يجده من معلومات إما عن جهل ، او عن قصد.

● عدم المثابرة في البحث.

● التساهل أو التكاسل أو الإهمال في إعداد أدوات البحث.

● الأخطاء الشائعة في استخدام التحليل الإحصائي ، وفي تفسير النتائج ، لتحقيق الأهداف التي يرجوها الباحث.

وسوف نتناول هذا الموضوع مرة أخرى عند الكلام عن الأمانة العلمية.

تاسعا

أخطاء في كتابة وعرض الرسالة
Pitfalls in Writing & Presenting Your Thesis or Dissertation

الحمد لله وصلنا بنجاح وبأقل قدر من الأخطاء إلى المرحلة التي ينتظرها كل باحث، ويشعر أنه يقترب من تحقيق حلمه المأمول ؛ وهو كتابة الرسالة استعدادا للمناقشة ، والحصول على الدرجة.

ولكن حيرة الباحث هنا لا حدود لها. فمن أين يبدأ ؟ وكيف ينظم عمله؟ وما الذي يجب مراعاته في هذه المرحلة ؟ وما يهمنا هنا هو ...ما الأخطاء التي يمكن أن يقع فيها الباحث في كتابة الرسالة؟ وكيف يتجنب هذه الأخطاء؟؟

وهذا ما سنتناوله في الصفحات التالية.

وأود أن أطمئن الباحث أن هذا الشعور الحائر والخائف هو شعور طبيعي. فلا تقلق ولا تنزعج.

كما أود أن أذكر الباحث بأن معظم مكونات المحتوى الذي يريد كتابته في الرسالة موجود لديه بالفعل. وأن أجزاء كثيرة من الرسالة قد سبق له كتابتها. والأمر الآن

التجليد، وعدد النسخ المطلوبة، ومواعيد التقديم ..وغيرها من الشروط الحاكمة من قبل الجامعة أو الكلية.

ثم يأتي الاتفاق مع لجنة الإشراف على نظام العمل فى إعداد فصول الرسالة، وتقديمها للمراجعة، وتحديد المواعيد.

يعتقد البعض أن عليه أن يبدأ بالفصل الأول ، وعليه أن ينتهى منه ليسلمه إلى هيئة الإشراف لمراجعته وقبوله بشكل نهائى قبل أن يبدأ فى الفصل الثانى. وهكذا تباعا فى بقية فصول الرسالة، وهذا خطأ جسيم ؛ وليس هكذا تسير الأمور فى الواقع.

إن أول خطوة لابد أن يقررها الباحث بالاتفاق مع هيئة الإشراف هى وضع هيكل عام لفصول الرسالة، وأهداف ومحتوى كل فصل.

فى بعض الجامعات يوجد دليل إرشادى لتنظيم فصول الرسالة، وعلى الطالب وهيئة الإشراف الإلتزام بتعليمات هذا الدليل. وفى جامعات أخرى يترك هذا القرار للأستاذ المشرف بالتشاور مع الطالب.

وغالبا ما تتكون الرسالة من الأجزاء التالية:

- صفحة العنوان

- صفحة الشكر

- صفحة المحتويات

- قائمة الجداول

- قائمة الأشكال

الفصـــــل الأول THE PROBLEM: ويقدم فكرة البحث وخلفياته، ويعرض مشكلة البحث وأهميتها وحدودها،وتساؤلات البحث وفروضه ومسلماته، كما يشرح منهج البحث وإجراءاته.

الفصـــــل الثانــى REVIEW OF LITRITURE: " الإطار النظرى" وهو عصب الرسالة والفكر الأساسى وراء منهج الدراسة وإجراءاتها. يتناول هذا الفصل استعراض الأدبيات والدراسات المرتبطة بمتغيرات البحث.

الفصـــــل الثالـــــث METHODOLOGY: تصميم وإعداد أدوات البحث.

الفـــصـــــل الرابـــــــع APPLICATION & DATA COLLECTION: تنفيذ الجزء التطبيقى فى البحث،وتجميع البيانات اللازمة للإجابة عن أسئلة البحث.

الفصـــــل الخامـــس DATA ANALYSIS & RESULTS: تحليل البيانات واستخلاص النتائج، والإجابة عن أسئلة البحث، والكشف عن مدى صحة الفروض.

الفصل السادس DISCUSSION & RECOMMENDATIONS: تفسير نتائج البحث

تنظيمات مختلفة لفصول الرسالة:

يعتبر التصور المقدم هنا هو أحد التنظيمات التى تستخدم فى تصميم تقرير بحث الماجستير والدكتوراه، وتتطلب طبيعة البحث ومتغيراته أحيانا تنظيمات أخرى .

● فمثلا نظرا لتعدد المتغيرات فى بعض البحوث، وكثرة الأدبيات المرتبطة والتى يرى الباحث مع هيئة الإشراف ضرورة طرحها فى الإطار النظرى ؛ فعندئذ قد يتقرر تقسيم الإطار النظرى إلى فصلين.

● نرى فى بعض البحوث تخصيص فصل مستقل لعرض الدراسات السابقة. وهـذا التوجه عليه كثير من التحفظات ، بل يعتبر مـن الأخطـاء الشـائعة فـى البحوث التربوية للأسباب التالية:

- إن الدراسات السابقة هى جزء أساسى فى الفصل الأول، حين يحاول الباحث توضيح أهمية المشكلة التى يتعرض لها فى هذا البحث، فيستعرض بعض ما تم من دراسات مرتبطة، ليستند إليها وإلى ما ورد فيها من توصيات تطالب بإجراء هذا البحث، و ليتعرف القارئ على مدى الحاجة لإجراء هذا البحث.

- ولا جدال فى أن الدراسات السابقة هى جزء أساسى فى الإطار النظرى فهى ترتبط بمتغيرات البحث. ولذلك يأتى تناول ما يرتبط منها بكل محور من محاور الإطار النظرى فى سياقه المناسب، وهنا تكون جدواها أكثر وفائدتها أكبر حيث ترتبط بالنظريات التى يستند إليها البحث فى متغيراته المختلفة.

- عند مناقشة نتائج البحث فى الفصل الأخير من الرسالة، يربط الباحث بين نتائج بحثه ونتائج بحوث ودراسات أخرى مرتبطة، وهنا يتعرض بتلقائية لبعض الدراسات السابقة ، و قد يكون قد سبق له تناولها فى أماكن أخرى فى الرسالة، أو ترد هنا لأول مرة .

مما سبق يتضح أنه لا منطق إذاً فى تجميع الدراسات السابقة كلها فى فصل مستقل فى الرسالة.

- بعض التنظيمات الأخرى ترى ضم فصل استخلاص النتائج مع فصل تفسير ومناقشة النتائج(الفصلين الخامس والسادس) فتصبح الرسالة خمسة فصول فقط.

- تنظيمات أخرى ترى أن يكون الفصل الخامس هو ملخص البحث، ومعه تناقش النتائج وتقدم توصيات البحث وما يقترحه من بحوث مستقبلية.

كل من هذه التنظيمات له منطقه وفلسفته، وليس فى هذا الإطار ما هو خطأ وما هو صواب؛ المهم أن يفهم الباحث هذا المنطق ويكتب فصول الرسالة بالأسلوب الذى يحقق أفضل عرض لمجهوده ولنتائج بحثه.

من أين يبدأ الباحث الكتابة؟

كما ذكرنا سابقا من المهم للغاية الاتفاق مع الأستاذ المشرف على تنظيم فصول الرسالة الذى سوف يلتزم به الباحث. ومن هنا يبدأ الباحث فى وضع تصور لمحتوى كل فصل بشكل مبدئى، ومن المفضل أن يناقش هذا التصور مع لجنة الإشراف والاتفاق عليه ، أيضا بشكل مبدئى.

يبدأ الباحث بكتابة الأجزاء التى يشعر أنها سهلة ومادتها جاهزة لديه. فقد يبدأ بتدوين مراحل تجربة البحث ، فهى ما زالت حية فى ذاكرته ، وبياناتها موجودة فى مذكراته.

يبدأ الباحث فى أكثر من فصل كما يتراءى له ؛ فهـو يعلـم أن هـذه هـى الكتابـة الأولى وسوف يتبعها العديد من الكتابات. وعليـه هنا أن يضع رؤيتـه لمحتـوى كـل فصل ، فى ضوء ما تم الاتفاق عليه مع لجنة الإشراف.

فى هذه المرحلة سـوف يـدرك الباحـث أبعـاد الكفايـة أو مـدى القصـور فى المـادة العلمية اللازمة لكل فصل. وهنا يبدأ استكمال النقص وإعادة الكتابة.

وعندما تتضح صورة فصول الرسالة فى هذه المرحلة، يبدأ الباحث فى إعداد الفصل الأول.

أخطاء عامة فى كتابة الرسالة:

الرسالة كما قلنا ، هى تقرير عن بحث انتهى الباحث من إجرائه. ولعلك تتذكر أن خطة البحث التى يقـدمها الباحث لتناقش فى السـمينار وتعتمـد مـن المجـالس المتخصصة كانت مقترحا لبحث لم يبدأ بعد؛ لذلك فهى تكتب <ins>بصيغة المستقبل</ins>. فيكتب الباحث مثلا:" <ins>وسوف يستخدم الباحث</ins>......>" أو "<ins>سيتم اختيار</ins> ....>" أو " <ins>سيقوم الباحث</ins> بمقارنة....>" وهكذا

ولكن بعد انتهاء الباحث من جميع مراحل البحث ويبدأ فى كتابة التقرير، أى الرسالة، فإنه يستخدم <ins>صيغة الماضى</ins> لأنه يكتب

تقريرا عن إجراءات تمت بالفعل. فمثلا يكتب الباحث: "كان من أهم الجوانب الإيجابية التى لاحظها الباحث.....>" أو "قام الباحث بتشكيل مجموعات...>" أو " تكونت عينة البحث من....>" أو "صمم الباحث أدوات تجميع البيانات وكانت تشتمل على....>" أو " أجريت عدة لقاءات....>" وهكذا

عند تعليق الباحث على الجداول أو الأشكال الواردة فى البحث فعليه استخدام **صيغة المضارع**. فمثلا يكتب الباحث "يوضح الجدول رقم(٣) أن....>" أو " يتبين من الشكل رقم(٥) أن...>

ذلك لأن الجدول يوضح ، وسيظل يوضح ما يشير اليه الباحث إلى الأبد ، وكذلك لو قرأنا هذه الرسالة بعد عشر سنوات سيتبين من الشكل المذكور نفس المعلومة التى يشير اليها الباحث اليوم فى التقرير.

- من الأخطاء الشائعة فى كتابة الرسالة أن يستخدم الباحث ضمائر الذات مثل (أنا) و (نحن)، فيكتب مثلا: " ونحن نرى أن ...>" أو " وكان ما لفت انتباهى فى...>" أو " من خلال خبراتى الشخصية اتضح لى....>" أو " وعلينا أن نهتم ب..>"

والصواب أن يستخدم الباحث الأفعال المبنية للمجهول ؛ وعندما يكتب عن نفسه يستخدم كلمة "الباحث" فمثلا يكتب " ومن المهم الاهتمام ب...>" ، أو "ويرى الباحث أن هذه الظاهرة ...>" ، أو "وقد لوحظ خلال اللقاءات...>" وهكذا.

- يخطئ بعض الباحثين باستخدام لغة فضفاضة تهتم بالتفاصيل والجزئيـات غـير اللازمة. والمفضل في لغة البحث العلمي أن تكون مختصرة، جـادة، وتركـز عـلى الأفكار الرئيسة.

- يخطئ بعض الباحثين أحيانا بتغليب الذاتية والانطباعـات الشخصية في كتابـة البحث. والمفروض أن أية آراء أو وجهـات نظـر لابـد وأن تبنـى عـلى مـؤشرات موضوعية نابعة من الأدبيات الموثقة ومن بيانات البحث ونتائجه.

- يخطئ بعض الباحثين بالتمييز النوعي في صيغة الكتابة؛ بمعنى تجاهل المرأة أو الطفلة وكأن المجتمع كلـه مـن الـذكور. فمـثلا يـتكلم عـن المعلمـين ولا يـذكر المعلمـات، يـذكر المديرين ويتجاهـل المـديرات. والمفـروض أن يوضـح النـوع الاجتماعي (الجندر) حتى لو لم يكن من متغيرات البحث .

كتابة الفصل الأول والأخير:

مشكلة البحث وإجراءات دراستها   The Problem

وهو يهدف إلى تقديم وعرض مشكلة البحث وأبعادها وأهميـة دراسـتها، وموقـع البحث الحالي من الأدبيات المرتبطة بهذه المشكلة.

يشبه الفصل الأول من الرسالة خطة البحث التي قدمها الباحث للسيمينار ليحصل على الموافقات الرسمية لكي يبدأ في البحث.

يبدأ الفصل الأول في الرسالة بمقدمة تعرض خلفية رصينة وموثقة للمشكلة، تبين المجال الذي انبثقت منه المشكلة، وتستعرض ما أجري فيه من بحوث ودراسات توضح ضرورة البحث الحالي وأهميته.

ويخطئ الباحث إذا تصور أنه يكتفي بنسخة من مقدمة خطة البحث. فلاشك أنه قد مرت سنوات على كتابة الخطة، ولاشك أن معلومات ومدارك ووعي الباحث قد نمت وتعمقت نتيجة القراءات الكثيرة في الموضوع، ونتيجة الخبرات التي مر بها خلال إجراءات بحثه. فليس من المقبول أن يستشهد بدراسات تقادمت، ونظريات تطورت؛ بل لابد أن تكون المقدمة في الفصل الأول من الرسالة انعكاس واضح لهذا النمو والتطور.

بعد المقدمة، يتضمن الفصل الأول جميع العناصر التي تضمنتها خطة البحث من صياغة واضحة لمشكلة البحث، وتساؤلاته وفروضه ومسلماته. ثم حدود الدراسة وأهمية البحث ومنهجه وإجراءاته. ومن العناصر المهمة في هذا الفصل تعريف المصطلحات الرئيسة المستخدمة في البحث.

ونذكّر هنا بضرورة استخدام صيغة الماضي في كل هذه العناصر التي يتضمنها الفصل الأول.

بعد الانتهاء من كتابة النسخة الأولى من الفصل الأول يتركه جانبا إلى ما بعد الانتهاء من باقى فصول الرسالة، ثم يعود مرة ثانية، وبعين أعمق رؤية، وبفكر أكثر نقدا ليقرأ هذا الفصل، وسوف يجد أنه يريد إجراء بعض التعديلات فيه ؛ ليحقق اتساقا بين فصول الرسالة الستة، وتصبح الرسالة عملا علميا متكاملا.

ولهذا نقول إن الفصل الأول فى الرسالة هو الفصل الأخير فى كتابتها.

الفصل الثانى:

" الإطار النظرى للبحث" Review of Literature

كما يتضح من عنوان هذا الفصل أنه يهدف إلى وضع إطار فكرى مبنى على النظريات والأسس العلمية والتربوية المرتبطة بمجال البحث ومتغيراته التى يدرسها الباحث. يعرض الباحث بأمانة وصدق الجهود التى أجريت فى مجال مشكلة البحث، ويوضح للقارئ موقع البحث الحإلى من هذه الجهود وأهميته وضرورته.

- يبدأ الباحث بتحديد خطة لمكونات هذا الفصل، وينظم محتوياته فى محاور واضحة ومحددة تمثل متغيرات البحث، ويندرج تحت كل محور عناصر رئيسة وعناصر فرعية.

- يعود الباحث إلى ما سبق تجميعه من أدبيات ودراسات أثناء مراحل البحث. لعلنا نتذكر أننا أكدنا أن يصنف الباحث ما يجمعه من معلومات وفقا لمتغيرات البحث؛ وقلنا إنه من المفيد استخدام بطاقات ملونة ، لكل محور لون معين. وهنا عندما يشرع فى كتابة الفصل الثانى فسوف يجد معظم ما يريده من محتوى هذا الفصل متوافر لديه، وكل ما يتطلبه هى عملية تنظيم.

- يحدد الباحث أولا تتابع المحاور فى الإطار النظرى، ثم يحدد تتابع الموضوعات داخل كل محور. وسوف يكتشف عندئذ المحاور المستوفاة ، كما يكتشف المحاور الضعيفة والتى تحتاج لمزيد من التدعيم ، فيعمل على استكمالها.

- يتضمن كل محور من المحاور البحوث والدراسات المرتبطة به ، وسوف يجد الباحث أن بعض هذه المراجع والدراسات شديد الصلة بمتغيرات البحث فى هذا المحور، بينما البعض الآخر ضعيف الصلة. وعلى الباحث التركيز على تلك المراجع شديدة الارتباط ببحثه ، ويكتفى بإشارة مختصرة للمراجع الأخرى.

- ثم ينتقل الباحث للمحور الثانى ليتناوله بنفس الأسلوب. وهكذا.

- إن تجميع الأدبيات والدراسات، واستخلاص الاتجاهات التربوية المرتبطة بكل محور فى الإطار النظرى للبحث هى العملية العلمية التى يقوم بها الباحث التربوى ؛ ليعطى معنى

وهدفا لهذا الفصل ، وإلا يصبح مجرد أرشيف لمجموعة أعمال وكتابات ليس بينها ارتباط واضح ولا قيمة تطبيقية لها.

- هذا الجهد العلمى من قبل الباحث هو ما يدل على تمكن الباحث فى مجال بحثه، وإدراكه لأبعاد متغيراته وعلاقاتها المتبادلة ، وعلاقة بحثه بما أجرى من بحوث ونتائج تلك البحوث، وكيف يرتبط كل ذلك ببحثه الحالى. وهذا هو الجزء الأصعب فى كتابة الإطار النظرى.

- ومن هنا ننصح الباحثين بالاهتمام بتجميع وتصنيف الأدبيات المرتبطة بالبحث. وإعداد مخطط هيكلى للإطار النظرى قبل البدء فى تجميع بيانات البحث، حيث كثيرا ما يضيف الإطار النظرى أبعادا جديدة قد تغير من تصميم البحث وبعض إجراءاته.

- ومن الأخطاء الشائعة فى كتابة الإطار النظرى أن يتبع الباحث طريقة القص واللصق ؛ جزء من هنا وجزء من هناك، وإشارة للمرجع دون أى ترابط أو منطق يدل على فهم وتمكن الباحث مما يكتبه.

- ونتيجة لهذا الأسلوب المرفوض يتضخم حجم الإطار النظرى دون مبرر إلا رغبة الباحث فى رص كل ما جمعه من معلومات ، ويأبى أن يتنازل عن بعض هذا الكم الذى لايضيف أية قيمة علمية للإطار النظرى. ويؤدى ذلك إلى إحساس

القارئ بالتيه ، وعدم التركيز، وبالتالى انعدام القدرة على المتابعة والفهم.

- ومن الأخطاء الشائعة أيضا فى إعداد الإطار النظرى فى البحوث التربوية ، أن يلتزم الباحث بأسلوب واحد فى عرض ما يقدمه مـن أدبيـات ودراسـات ؛ فيبدأ كل فقرة بنفس الجملة، ويعطى مساحة متماثلـة لكل موضـوع ، وهذا غير مطلوب؛ حيث تختلف أهمية كل موضوع ومدى ارتباطه بالبحث الحالى مما يتطلب مساحات مختلفة فى التناول والمناقشة لكل موضوع.

- هذا النمط فى الكتابة، وإن بدا منظما، إلا أنه ممل وغير مفيد للقارئ.

- يخطئ بعض الباحثين عند كتابة الإطار النظرى فى المبالغـة فى كم الاقتباسات. ومن المفضل أن تلتحم الاقتباسات فى اتساق وتجانس مـع المـتن الـذى يكتبـه الباحث. فلا شىء أكثر مللا للقارئ وأقل فائدة ومتعة، مـن إطار نظرى عبـارة عن إقتباسات وراء إقتباسات ، وراء إقتباسات ، يربطها الباحث بافتعال بجملة أو جملتين، ويكرر نفس الأسلوب فى الفقرة التالية والتالية وهكذا.

- ونظرا لأن هذه الاقتباسات قد أتت من مصادر مختلفة، وكتبها أصحابها كـل بأسلوبه الخاص، فتكون النتيجة كلام مفكك، غير منظم، وصعب القراءة والفهم، وغير ذى جدوى للبحث الحالي.

● على الباحث أن يتذكر دائمًا أن الإطار النظرى فى أى بحث هو العمود الفقرى الذى يبنى عليه البحث بمنهجه وأدواته وإجراءاته ، وبقدر قوة وسلامة الإطار النظرى تكون قيمة البحث التربوى.

الفصل الثالث:

تصميم و.إعداد أدوات البحث   Methodology

يهدف هذا الفصل إلى تعريف القارئ بكل الإجراءات التى أنجزها الباحث فى سبيل الاستعداد لتجميع البيانات اللازمة للإجابة عن تساؤلات البحـث، والتحقـق مـن مـدى صحـة الفروض.

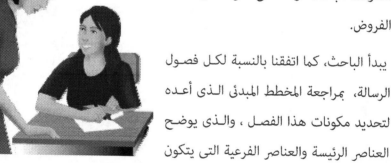

يبدأ الباحث، كما اتفقنا بالنسبة لكـل فصـول الرسالة، بمراجعة المخطط المبدئى الـذى أعـده لتحديد مكونات هذا الفصـل ، والـذى يوضح العناصر الرئيسة والعناصر الفرعية التى يتكون منها هذا الفصل. وعادة ما تتضمن هذه العناصر خطوات تصميم وإعداد البرنامج التعليمـى أو التـدريبى المقـترح (فى حالـة وجـود هـذا البرنامج فى خطـة البحـث)؛ فيشرح الباحث بالتفصيل خطوات بناء البرنامج وتصميم وحداته بالتفصيل، ثـم كيف قام بعمليات تقييم مرحلى للبرنامج للتأكد من صلاحيته.

يعتبر هذا الفصل من الرسالة هو الإبداع العلمي ، والإضافة الجديدة التي تحسب للباحث. فإذا كان يصمم نموذجا تدريسيا مثلا، أو يبني برنامجا تعليميا، أو يقترح مواقف تعلم نشط في مادة معينة، أو كان ينتج مواد تعليمية لهدف خاص...أو غيرها، فكل هذه الجهود تعتبر إضافة جديدة يقدمها البحث، ويحاول قياس فعاليتها وتحقيقها لأهداف حددها الباحث مسبقا.

يعد البرنامج أو النموذج الذي أعده الباحث لهذا البحث هو المكون الرئيس لهذا الفصل من الرسالة ، ومن الأخطاء الشائعة أن يوضع في ملاحق البحث.

ثم ينتقل الباحث لشرح إجراءات اختيار العينة سواء كانت مدارس أو أفراداً أو مواد تعليمية أو غيرها. المهم أن يتأكد القارئ من سلامة أساليب الاختيار وموضوعيتها، وكيف أن العينة تمثل المجتمع البحثي المستهدف بحيث يطمئن القارئ على إمكانية تعميم نتائج البحث على عينات أخرى مشابهة.

وفي ضوء هذه الإجراءات يقدم الباحث نوع العينة، ولماذا اختار هذا النوع، ومراحل اختيار مفردات العينة، وأية مواصفات خاصة بعينة البحث ومفرداتها. ثم كيف تم تقسيم العينة في مجموعات ، والعوامل التي روعيت في هذا التقسيم.

في البحوث التربوية ، بالذات من المهم أن يعطي الباحث فكرة عامة عن البيئة والمناخ الذي سوف يتم فيه تطبيق البحث. فمثلا

عليه أن يصف المدارس التي اختيرت لإجراء البحث ، من حيث موقعها، نوعها، حجمها، مستواها، مناهجها،وأنشطتها..إلخ

في الجزء التالي في هذا الفصل يشرح الباحث التصميم البحثى ومكوناته ومراحله. مثلا هل هو بحث مسحى، ارتباطي، دراسة حالة، تجريبى... .

ثم يقدم الباحث أدوات جمع البيانات؛ سواء كانت استبيانات، أو استطلاعات رأى، أو اختبارات..أو غيرها. يشرح الباحث مبررات اختيار هذه الأدوات، وأهدافها، ومراحل تصميمها وإعدادها ، وإجراءات التأكد أنها تضمن الحصول على بيانات صادقة وثابتة. كما يشرح كيفية تطبيق هذه الأدوات، وأية صعوبات واجهته في ذلك، وكيف تغلب عليها.

ترفق صورة من أدوات جمع البيانات ضمن الملاحق.

وبنهاية هذا الفصل يكون الباحث مستعدا ليكتب تقريره عن الجزء التطبيقى في البحث، وإجراءات جمع البيانات. وهذا ما نقدمه للقارئ في الفصل الرابع.

الفصل الرابع:

تجربة البحث أو الجزء التطبيقى في البحث

Application & Data Collection

إن كتابة هذا الفصل هو المتعة الحقيقية للباحث فى كتابة الرسالة. ففيه يسجل ما مر به من خطوات عملية وميدانية، وهو يحكى ما قابله من مواقف وما تعرض له من مفاجآت ؛ أحيانا إيجابية ، وأحيانا سلبية.

ويتذكر الباحث وهو يكتب ، من قابلهم من أشخاص، وما كان بينه وبينهم من تفاعلات. كما يسترجع ذكرياته بالنسبة لبعض أفراد عينة البحث ، وكيف مازال يتذكر ما دار بينهم من حوارات...إنه فى هذا الفصل يدون ما حدث خلال مرحلة من أهم مراحل نموه التربوى والعلمى والاجتماعى.

يبدأ الباحث الفصل الرابع بتوضيح أهداف الفصل ، ومحتوياته. ثم يقسم العرض إلى مراحل تبعا لخطوات التطبيق. وقد يستخدم بعض الصور التوضيحية لتساعده فى شرح جوانب معينة خلال مراحل التنفيذ. وعليه أن يشير إلى أى ظروف أو عقبات قد تكون تدخلت فى مسار البحث وتوقيت تنفيذه ، وكيف حاول التغلب على أثر هذه العقبات على نتائج البحث.

مثال: اضطرار الباحث لتكثيف ساعات التطبيق لتقصير الفترة الزمنية التى كانت مخططة للتطبيق...أو: اضطرار الباحث لتنفيذ تجربته بعد ساعات الدراسة الرسمية... أو: تسرب عدد ملحوظ من أفراد العينة....أو: غياب بعض التلاميذ عن موعد القياسات القبلية لأفراد العينة...أو ملاحظة الباحث تحيز معلمة الفصل فى المجموعة الضابطة ومحاولتها تغيير الأسلوب المعتاد فى تدريس

المادة...وغيرها ..وغيرها من الأمور التى تحدث أثناء تطبيق البحث.

ونُذكر هنا بأهمية تدوين مثل هذه الأحداث فور حدوثها فى مذكرات الباحث، وكذلك تدوين طريقة التعامل معها، والنتائج التى توصل إليها فى هذا الشأن. إن هذا التدوين المبكر لمثل هذه المواقف يساعد الباحث عند كتابة فصل التطبيق الميدانى، فيكون أكثر دقة وموضوعية فى كتابة ما حدث بالفعل.

إن شرح هذه الأمور، وكيف تصرف الباحث معها يفيد أى قارئ للرسالة خاصة الطلاب الذين يستعدون لتسجيل موضوعاتهم، أو من هم على وشك تطبيق بحوثهم ميدانيا. كما أن هذه المعلومات تلقى الضوء على نتائج البحث الحالى ومدى الثقة فى صدقها، وإمكانية الاعتماد عليها وتعميمها.

الفصل الخامس:

تحليل البيانات واستخلاص النتائج

Data Analysis & Result

ونقترب فى هذا الفصل من جنى ثمار التعب والمجهود الذى

استمر سنوات. فهنا يطرح السؤال:

ما النتائج التى توصل إليها البحث؟

وقد سبق أن أكدنا على ضرورة أن

يقرر الباحث أنواع وأساليب المعالجات الإحصائية التى سوف يستخدمها لتحليل البيانات المرتبطة بكل سؤال من أسئلة البحث قبل تجميع تلك البيانات. وهكذا يكون مستعدا لتصنيف البيانات الخاصة بكل سؤال، وتطبيق المعادلات الإحصائية المناسبة واستخلاص النتائج، والرد على تساؤلات البحث.

لذلك يبدأ هذا الفصل بمقدمة يعرض فيها الباحث أهداف الفصل، ويشرح التنظيم الذى سوف يستخدمه لعرض محتوى الفصل.

وعادة يبدأ بالتذكير بنص السؤال الأول ، وما يرتبط به من فروض كما ورد فى الفصل الأول، ثم يقدم البيانات الخاصة بهذا السؤال فى جداول أو فى صورة أشكال بيانية، والمعالجات الإحصائية التى طبقت عليها، والنتائج التى توصل إليها.

هذه النتائج هى الإجابة عن السؤال، ومنها يتوصل الباحث إلى مدى صحة الفروض المرتبطة به.

ثم يطرح السؤال الثانى وفروضه، والبيانات المرتبطة به وتحليلها إحصائيا، واستخلاص النتائج....وهكذا

من الخطأ أن يلجأ الباحث إلى شخص متخصص فى الإحصاء ليقوم بعمل التحليل الإحصائى المطلوب دون أن يشترك معه فى

تحديد المطلوب بالضبط ، ومتابعة تلك العمليات بفهم ووعى، والإجابة عن أسئلة المتخصص ؛ فصاحب البحث هو الأقدر على معرفة المطلوب ، وهو المسئول أولا وأخيرا عن البحث ونتائجه.

الجداول والأشكال البيانية: Tables and Figures

كثير من الأخطاء الشائعة فى كتابة الرسائل ، يتعلق بالجداول والأشكال البيانية، التى يعرض فيها الباحث ما جمعه من بيانات وقام بتحليلها إحصائيا ، ليستخلص نتائج يرد بها عن أسئلة البحث. وفيما يلى عرض لأهم هذه الأخطاء:

الجداول

- الجدول وسيلة ، لعرض البيانات بطريقة منظمة فى أعمدة وسطور وفقا لتصنيف معين يتناسب مع طبيعة البيانات وأهداف البحث. وتيسر الجداول على القارئ فهم كم كبير من البيانات، وملاحظة العلاقات ذات الدلالة بسهولة وبسرعة.
- ومن الخطأ أن يبالغ الباحث فى استخدام الجداول ؛ حيث يؤدى ذلك إلى تشتيت القارئ. ومن المهم تصميم ألجداول بطريقة بسيطة ، وأن يركز الجدول على عدد محدود من الأفكار.
- ولا يجب حشو الجدول الواحد بالأرقام، فهذا يقلل من جدوى وضعها فى جدول. والأفضل استخدام أكثر من جدول بدلا من تضمين الجدول تفاصيل كثيرة.

- والمفروض أن تتضح العلاقات بين الأرقام فى الجدول بحيث يفهمها القارئ دون الحاجة إلى اللجوء إلى الشرح الكتابي المصاحب..
- ومن الأخطاء الشائعة أن يكرر الباحث كتابة ما فهمه القارئ من الجدول بذات التفاصيل تحت الجدول ؛ والمفروض أن يضيف هذا التعليق جديدا إلى النتائج الواضحة بالجدول. وقد يركز على إبراز الاتجاه العام للنتائج، أو يلفت انتباه القارئ إلى ظاهرة معينة غير متوقعة...
- يُكتب رقم الجدول وعنوانه فوق الجدول، وتأخد جميع الجداول تسلسلا واحدا متتابعا فى كل فصول الرسالة. يفضل أن يكون العنوان مختصرا ومباشرا. لا يتخلل عنوان الجدول أية علامات ترقيم. ومن الخط أفى العنوان كتابة كلمات مثل: "جدول يبين..". أو "بيان بتكرارات...". أو " نسب أعداد..." فكل هذه إضافات لا لزوم لها.
- عند الإشارة فى المتن إلى البيانات الموجودة فى الجدول من الخطأ أن يكتب الباحث " يوضح الجدول السابق..." أو " يتضح من الجدول التالى...." والصواب أن يشار فى المتن إلى رقم الجدول ، لا عنوانه ، فيقول:" يبين جدول رقم ٣" .
- إذا زاد حجم الجدول عن نصف صفحة فيستحسن وضعه فى صفحة مستقلة، مع مراعاة توسيطه للمحافظة على توازن الصفحة وتنسيقها. أما إذا كان حجم الجدول أقل من بصف

صفحة، فيوضع فى نفس الصفحة التى بها المـادة المكتوبـة المرتبطـة بمـا ورد فى الجدول.

- إذا امتد الجدول لأكثر من صفحة، فيجب تكـرار عنـاوين الأعمـدة فى رأس كـل صفحة. الجداول المستعرضة تثبت فى الصفحة ؛ بحيث يكون عنوان الجدول إلى الداخل ، أى جهة التدبيس للورق.

- الجداول الكبيرة التى تحتاج إلى أن تطوى، يحاول الباحث تصغيرها حتى يسهل طيها وفردها، مع الاهتمام بأن تظل مقروءة.

- أية ملاحظـات تـرتبط بالجـدول، تكتـب مبـاشرة أسـفل الجـدول ولا تـوضـع فى هامش الصفحة.

- من المهم أن يلتزم الباحث بشكل موحد للجداول فى كل الرسالة.

الأشكال البيانية:

الشكل وسيلة لعرض البيانات الإحصائية فى صورة بيانية. ويطلق مصطلح "الشكل البيانى" على أنواع مختلفة من الأشكال منها: المنحنيات الخطية و الأعمدة و الدوائر و الرسوم و الخرائط و غيرها. وكلها تساعد على تقديم البيانات فى البحث بصورة مرئية تجعلها تُفهم بسهولة و بوضوح.

■

- لا يجب أن يسبق الشكل المناقشة الكلامية المرتبطة به، ودائما تأتي بعدها. وكما قلنا في الجداول يشار إلى الشكل برقمه وليس بعنوانه.

- يوضع رقم الشكل وعنوانه أسفل الشكل مباشرة، وليس أعلاه كما في الجـداول. وتتسلسل أرقام الأشكال تباعا في فصول الرسالة.

- أصبح من السهل حاليا عمل الأشكال البيانيـة المختلفـة باستخدام الكمبيوتر، وإخراجها بشكل جميـل ومفيد. ويمكن الاستعانة بشخص متخصص في هذا المجال عـلى أن يشـترك معـه الباحـث في تحديـد المطلـوب ومتابعـة العمليـات الإحصائية لفهم ما يدور. ونكرر أن الباحث هو المسئول عن بحثه، وهـو الـذى سيدافع عنه أمام لجنة المناقشة والحكم.

بنهاية هذا الفصل يكون الباحث قد أجاب عن أسـئلة البحـث، وتحقق مـن مـدى صحة الفروض، وحقق أهداف البحث.

وتظهر هنا مجموعة من الأسئلة المهمة:

ما معنى ما توصل اليه الباحث مـن نتـائج؟ مـا الأسباب والعوامـل التـى أدت إلى هذه النتائج؟ هل كان من الممكن أن يأتي البحـث بنتـائج مختلفـة؟ وهـل لـو كـرر الباحث هذا البحث نفسه، هل ستكون النتائج واحدة؟ بمعنى أن الباحث يناقش نتائج بحثه....وهذا ما سيتناوله الباحث في الفصل السادس.

الفصل السادس:

تفسير النتائج ومناقشتها Discussion & Recommendation

يبـدأ هـذا الفصـل بملخص سريـع لمشكلة البحث وأهدافه، وماذا كانت الأسئلة المطلوب البحث عن إجاباتها، ثم النتائج التى توصل إليها.

ثم يبدأ الباحث فى تفسير كل نتيجة ؛ مـاذا تعنـى؟ ثـم يناقـش الأسباب والاحتمالات التى قد تكون وراء هذه النتيجة؟ ويطرح مجموعة من الأسئلة

تعكس موضوعية الباحث ورغبته فى معرفة الحقيقة ؛ مثل: إلى أى مـدى يمكن تعميم هذه النتائج؟ وماذا يمكن أن تكون النتيجة لو أن العينة كانـت مختلفـة؟ أو هل كانت النتائج تختلف لو أن البحث تم تطبيقه فى بيئة مختلقة؟ أو لـو أن مـن نفذ تجربة البحث كان أحد المعلمين بدلا من الباحث نفسه؟

يتساءل الباحث أيضا عن بعض جوانب القصـور التـى واجهتـه فى البحـث. مثل اضطراره للاكتفاء باستمارات الاستبيان التى تمكن من تجميعها، ولم يكن عـددها بالكم الذى كـان يأمـل فى الحصـول عليـه. فهـل أثر ذلك على النتـائج؟ وإلى أى مدى؟...

يلاحظ مما سبق أن الباحث يمر بحالة من الشك، أو الرغبة فى مزيد من التأكد من سلامة النتائج، ويريد أن يبين للقارئ بعض المحاذير فى استعمال هذه النتائج أو تعميمها. وهذه هى سمة العلماء... الموضوعية والصدق...وهذا أهم ما يكتسبه الباحث على مستوى النمو العلمى والأكاديمى.

يربط الباحث خلال مناقشة نتائج بحثه ، بينها وبين ما هو معروف من حقائق فى هذا المجال ، كما يقارن بين نتائجه ونتائج بحوث ودراسات سابقة اهتمت بنفس المشكلة وبنفس مجال البحث.

يتولد من هذه المناقشة بعض التوصيات التى تفيد فى استخدام نتائج بحثه الحالى، كما تنبع أفكار يرى الباحث أنها تحتاج لمزيد من البحث والدراسة فى مجال بحثه أو فى مجالات مرتبطة.

ولعل من أكثر الأخطاء الشائعة فى هذا الجزء من الرسالة أن يقترح الباحث توصيات وأفكار لبحوث مستقبلية يستطيع أى فرد أن يقترحها. بمعنى أنها لم تنبع من النتائج التى توصل إليها الباحث ، ولكنها موضوعات عامة غير مرتبطة بنتائج البحث، أو بما واجهه الباحث من مشكلات أثناء مراحل البحث المختلفة.

تطلب بعض الجامعات من طلاب البحث أن يرفق بهذا الفصل من الرسالة مشروعا لخطة تنفيذية ؛ يوضح فيه خطوات إجرائية للإفادة العملية من نتائج البحث فى الارتقاء بالعملية التعليمية فى المجال المرتبط ببحث الطالب. وهذه فكرة رائعة ونشجعها؛ حيث

إنها تساعد على الإبقاء على البحث حيا ينبض بدلا من دفنه فى الأدراج.

يتميز هذا الفصل من الرسالة بأنه الفصل الذى يتحرر فيه الباحث من القيود البحثية ، ومن الالتزام بقواعد جامدة كما فى الفصول السابقة. فهنا ينطلق إبداع الباحث فى تفسير نتائج البحث ، ويبدى رأيه فيها وفيما يرتبط بها من نظريات ومن بحوث ودراسات سابقة. كما يتقدم بأفكار من عنده للإفادة من بحثه ، وبمشروعات بحثية لمن يريد أن يبحث فى هذا المجال مستقبلا.

إن فصل مناقشة النتائج هو ما يمكن أن ينشره الباحث باسمه فى الدوريات المتخصصة، وهو الفصل الذى ينسب إليه عندما يقتبس أحد الباحثين من هذه الرسالة بعض سطورها.

****

الهوامش والمراجع:

Footnotes- Endnotes- Bibliography

يعتمد الباحث فى كل مراحل البحث ؛ وحتى منذ أولى خطوات التفكير فى اختيار مشكلة البحث على عديد من

المراجع. وكما سبق أن ذكرنا أن على الباحث أن يسجل بيانـات هـذه المراجع أولا بأول فى بطاقات مصنفة تبعا للموضوع الذى ترتبط به. وعند كتابة الرسالة تكتـب المراجع بطريقتين:

● **تدوين المراجع فى أسفل الصفحة Foot-notes**

وفيها يدون الباحث المراجع التى أخذ منها معلوماته؛ والتى قـد تكـون فى صـورة أفكار استفاد منها فى أجزاء معينة ، ولكنه كتبها بأسلوبه الخاص. وعندئذ يشير إلى المرجع فى الموقع المناسب فى الصفحة ، ويكتب تفاصيل المرجع فى هامش الصفحة من أسفل.

وفى حالة اقتباس جمل أو فقرات اقتباسا مباشرا من أحد المراجع ، فيضع العبارات المقتبسـة بـين علامـات تنصيـص ، وإلى جانبهـا رقـم تسلسـل المرجـع فى الصفحة".........."(٢) ، ثم يكتب تفاصيل المرجع فى الهامش أسفل الصفحة.

ويستخدم الهامش الأسفل أيضا لكتابة بعض الملاحظات ، أو المناقشات التفصيلية المرتبطة بوضوع معين ورد ذكره فى هذه الصفحة. فتوضع نجمة إلى جانب الكـلام .....* وتكرر هذه العلامة فى الهامش ويتم الشرح المطلوب أمامها.

وهناك قواعد وطرق مختلفة لكتابة المراجع ، تختلف حسب نوع المرجع: (كتاب – مقال فى دورية – كتاب مترجم- فصل فى كتاب – رسالة غيـر منشـورة....) وعـلى الباحث أن يلتزم بأسلوب معترف به فى كتابة الهوامش فى كل فصول الرسالة.

● **تدوين المراجع فى نهاية كل فصل   End-notes**

وفيها يضع الباحث رقما فى نهاية الفقرة المأخوذة مـن مرجـع معـين ؛ فـإذا كـان اقتباسا مباشرا توضع علامات التنصيص فى أول العبارة وفى آخرها، ثم رقم المرجـع كما سـيرد فى نهاية الفصل ، ورقم الصفحة التى وردت فيهـا العبارة المقتبسـة "......"(١٥-٣٨).

وفى نهاية الفصل ترتب المراجع وفق ورودها فى صفحات الفصل ، بمعنـى أنها لا ترتب أبجديا. وتكتب تبعا لنوعها وفقا للأسلوب الذى تبناه الباحث.

وتتكرر الطريقة مع كـل فصل من فصول الرسالة. وليس مـن المسـتحب اسـتخدام هذه الطريقة فى الماجستير والـدكتوراه، وهـى تناسـب الكتـب المؤلفـة. وفى حالـة استخدامها فى الرسائل فلا توضع المراجع الخاصة بجميع الفصول فى نهاية البحث.

● **قائمة المراجع: Bibliography**

يهتم الباحث بتجميع وتسجيل المراجع التى استعان بها فى بحثه أولا بأول ، وعليه أن يصنفها حسب اللغة ، مثلا: مراجع عربية ومراجع أجنبية ، وداخل كل فئة من هاتين الفئتين يقسم المراجع إلى: كتـب ، مجلات ودوريات ، مقالات ، بحوث ودراسات، وعليه أن يرتبها داخل كل فئة ترتيبا أبجديا.

ومن الأخطاء الشائعة فى كتابة المراجع:

●

● أن يخلط الباحث بين طريقة كتابة ا لهوامش وكتابة قائمة المراجع فى نهاية البحث.

● أن يخلط الباحث بين أنواع المراجع فيخطئ فى تصنيفها.

● أن يكتب المراجع بأكثر من أسلوب ؛ وعليه أن يعيد كتابة المراجع التى كانت مكتوبة بأشكال مختلفة ، ليخضعها كلها لأسلوب أو نمط واحد.

● أن يحاول كتابة الأسماء العربية على طريقة الأسماء الأجنبية بمعنى أن يكتب اسم العائلة أولا ثم اسم المؤلف، وهذا غير معمول به فى اللغة العربية.

● فى رسائل الماجستير والدكتوراه ، تكتب فقط المراجع التى استعان بها الباحث فى رسالته، ولا يكتب أسماء مراجع أخرى ترتبط بموضوع البحث.

● تفاديا لما يحدث من أخطار فى كتابة المراجع، على الباحث مراجعتها بدقة أكثر من مرة للتاكد من صحة ما يكتب من حيث الشكل والموضوع.

ملاحق البحث: Appendices

الملاحق جزء متمم لفصول الرسالة، وهى الوثائق التى تحتوى على بيانات تفصيلية مرتبطة بالمراحل المختلفة فى البحث. فمثلا يضع الباحث نسخا من الخطابات التى حصل بها على الموافقات

الرسمية لإجراء البحث ، وأية مراسلات أخرى توضح للقارئ الخطوات القانونيـة والإدارية اللازمة فى مثل هذا البحث.

يضع الباحث فى الملاحق استمارات البيانات الخام ، أى قبل المعالجة الإحصائية ، كذلك يضع نسخا من أدوات جمع البيانات مثل بطاقات الملاحظة والاستبيانات وغيرها. كما يضع قوائم بأسماء المحكمين وأسماء من كان لهم دور بـارز فى بعـض مراحل البحث. وأحيانا يضع بعض الصور أو الخرائط التى استخدمها فى البحث.

أما إذا تضمن البحث بناء برنامج أو تصميم أنشطة أو مواقف تعليمية لتجريبهـا فى البحث لمعرفة مدى فعاليتها فى تحقيق أهداف معينة، فلا توضع كملاحق فهى جزء أساسى من فصول الرسالة. تنظم الملاحق فى تتابع ورودها فى فصول البحث، ويوضع لكل ملحق رقم وعنوان دال وواضح.

ملخص البحث: Summery of the Research

وهو أهم جزء فى الرسالة ؛ لأنه غالبا أول ما يقرأ فيها. وأكثر جزء يقرأ. لذلك يجب أن يهتم الباحث بكتابة ملخص واف وشائق وجذاب للقارئ. كمـا يجـب أن يكـون الملخص فعلا ملخصا؛ فلا يلجأ الباحث للإطالة وتكرار أجـزاء بأكملهـا مـن متـن الرسالة. وأيضا يجب أن يكـون الملخـص وافيـا بحيـث يفهم منه القـارئ المشـكلة وأهميتها ، وماذا كانت أهداف هذا البحث ، وكيف تناول الباحث هـذه المشـكلة ، وما الإجراءات والأدوات التى استخدمها ،

وماذا كانت النتائج ، وكيف توصل إليها ، ثم ما القيمة العملية لتلك النتائج ، وكيف يمكن الإفادة منها ، وما أهم توصيات البحث ومقترحاته.

لكن للأسف كثيرا ما يكون الباحث فى مرحلة من التعب وضيق الوقت مما يدفعه للتسرع وعدم الدقة فى كتابة الملخص. ويلجأ البعض إلى نقل ما سبق كتابته فى الفصل الأول كما هو، ثم ينقل النتائج من الفصل الخامس، والتوصيات من الفصل السادس، فيفقد الملخص تكامله وتماسكه. ويعطى انطباعا سلبيا عن البحث بأكمله.

نفس الملاحظات تنطبق على الملخص باللغة الأجنبية ، ويضاف إلى رصيد الأخطاء كثيرا مما ينتج بسبب الترجمة الضعيفة، واللغة الركيكة ، والمصطلحات غير الدقيقة.

****

والآن آن الأوان لكتابة الفصل الأخير من الرسالة ، ومن وجهة نظري فإن الفصل الأخير هو الفصل الأول . فعلى الباحث أن يعيد قراءة الفصل الأول ، وسوف يجد أنه يحتاج إلى تغيير وإضافة وحذف بعض الفقرات والعبارات ، ليرتبط أول الرسالة بآخرها ، ولنؤكد على أهمية الاتساق بين كل أجزائها فى وحدة وتكامل .

وحيث إننا عدنا الى أول الرسالة ، فعلينا أن نكتب الصفحات الأولى ، والتي تتضمن ما يلي :

صفحة العنوان: Title Page

سبق أن ذكرنا أن صفحة العنوان تلتزم بتعليمات الجامة والكلية. وبشكل عام يجب أن تتسم هذه الصفحة بالبساطة والبعد عن استخدام الإطارات المزركشة، وعن الخطوط الزخرفية وما يصاحب ذلك من ورود وأغصان وعصافير. بل يجب الالتزام بالبساطة والوقار، على أن تتضمن كل المعلومات الواجب توافرها فى صفحة العنوان. مثل:

اسم الجامعة ، والكلية ، والقسم العلمى. ثم عنوان الرسالة باللغتين العربية والانجليزية ، واسم الطالب ، والدرجة المتقدم للحصول عليها. يلي ذلك أسماء أعضاء لجنة الإشراف على البحث ، ثم التاريخ.

صفحة الشكر Acknowledgement

تتيح هذه الصفحة الفرصة للباحث أن يعترف بخدمات ومساعدات كل من شارك في مراحل البحث ، وهو واجب علمى وتربوى .

ولكن ما تقرأه في هذه الصفحة أحيانا من عبارات مبالغ فيها يخرجها عن هدفها ، فالواجب توجيه الشكر في حدود مناسبة ودون مبالغة مفتعلة .

ولا ينسى الباحث بعض الفئات أو الأفراد ممن شاركوا في إجراءات البحث ولولا تعاونهم ما نجح الباحث في مهمته .

صفحة الإهداء: Dedication

رسائل الماجستير والدكتوراه لا تهدى ، وليس مـن حـق الباحـث كتابـة إهـداء لأي جهة أو لأى فرد .

نعم إن هذه الرسائل هي نتاج جهد الباحث .. ولكن شارك فى هـذا الجهد أعضاء لجنة الإشراف الذين أعطـوا مـن علمهـم وأفكـارهم ووقـتهم الكثـير ؛ حتـى يخـرج البحث بالصورة التي وصل إليها . لذلك نقول إنه ليس من حـق الباحـث أن يهـدي جهد كل هؤلاء لمن يريده هو .....

صفحة المحتويات Table of Contents

صفحة المحتويات هي الدليل والمرشد للقارئ لكي يتابع ما ورد في فصـول الرسـالة ، لـذلك يهـتم الباحـث بتنسـيق وتنظـيم هـذه الصـفحة بتوضـيح عنـاوين الفصـول والعناصر الأساسية في كل منها ، وما تضمنه كل عنصر من عناصر ثانوية ، وأمام كل عنصر وكل عنوان رقم الصفحة الذى يوجد بها داخل الرسالة .

وهنا ننبه لأهمية توحيد نوع الخطوط وحجمها فى صفحة المحتويات: في العنـاوين الأساسية والفرعية في كل فصول الرسالة .

قائمة الجداول : List of Tables

يرصد الباحث في هذه الصفحة كل ما ورد في فصول الرسالة من جــداول ، بأرقامهـا وعنوان كل جدول ورقم الصفحة التي ورد فيها في الرسالة ، وذلك تبعـا لتسلسـلها عبر الفصول .

قائمة الأشكال : List of Figures

وفيها يرصد الباحث الأشكال التي وردت في الرسالة مرتبة حسب أرقامها مـع وضـع عنوان كل شكل مع الالتزام بذات النسق والأسلوب في الكتابة .

قائمة الملاحق: Appendices

تكتب الملاحق بأرقامها وعناوينها في تسلسل ، مع توضيح رقم الصـفحة أمـام كـل ملحق.

****

عاشرا

أخـــطـــاء لا تغتفر

Unforgivable Pitfalls

وبعد أن حاولنا استعراض ما أمكن حصره من أخطاء في كل مرحلة مـن مراحـل البحث التربوي ، وقبل أن نترك الكلام عـن الأخطـاء الخاصـة بكـل مرحلـة ، أود أن أوضح بل وأركز على مجموعـة مـن الأخطـاء الشـائعة والتي مـن وجهـة نظـري لا تغتفر . وأوجز هذه الأخطاء في ثلاثة محاور هي :

أولا : الأخطاء اللغوية Language

يلاحظ في رسائل الماجستير والدكتوراه أخطاء لغوية كثيرة ومتنوعة ، منها :

- الأخطاء الإملائية ، وهى عيب بالنسبة للأطفال الصغار ، فما بالنا بطالب ماجستير أو دكتوراه ، ولا يعرف أين يضع الهمزة مثلا .....

- وإذا انتقلنا إلى الأخطاء النحوية فحدث ولا حرج ، مع أن كثيرا من الباحثين يلجأون إلى مختصين في اللغة العربية لمراجعة الرسالة ، ومع ذلك نجد كثرة الأخطاء النحوية في بعض الرسائل ومنها ما لانقبله من تلميذ في المرحلة الابتدائية ...

- ثم ننتقل إلى الأسلوب ، فنجد في بعض البحوث ركاكة وضعفا وقصورا في المصطلحات ، مما يضيع معه المعنى والفكرة المطلوب التعبير عنها . ونلاحظ أحيانا وجود "لازمة" معينة يكررها الباحث بدون داع ومن أمثلة هذه اللزمات : تكرار كلمة (حيث ... حيث ...) وتكرر في الفقرة الواحدة أكثر من خمس إلى عشر مرات !! أو نجد كلمة (ولكن .... ولكن ...) أو (لذلك .. لذلك ...) وغيرها كثير .

- من الأخطاء في الأسلوب اللغوي أيضا ما سبق وأشرنا إليه بخصوص التحدث بصيغة الذات (المتكلم) ونكرره هنا لأهميته ، مثل: (أنا أرى) و(أنا أعتقد) و (نحن نرى) و (من وجهة نظرنا كان لابد لنا أن نتصدى) ، وهو أسلوب مرفوض في لغة البحث العلمي ، والأصوب استخدام صيغة التحدث عن

الغائب ، مثلا : (يرى الباحث أن هذه الظاهرة يمكن دراستها .....) ، (عقد الباحث عدة جلسات ....)، (قام الباحث بتطبيق الأدوات على عينة الدراسة ....) .

- الإطالة المخلة للتعبير عن فكرة معينة ، يؤدي إلى ضعف الأسلوب ، وابتعاده عن الأسلوب العلمي المفروض في كتابة البحث ، فالبلاغة في الكتابة العلمية تعتمد على الاقتصار والإيجاز ، والوصول إلى المطلوب من أقصر السبل ، وبأقل عدد ممكن من الكلمات والعبارات .

- النقل من مصادر مختلفة لكل منها أسلوب لغوي معين ، وينقلها الباحث كما هي دون محاولة لتوحيد الأسلوب ، فيبدو الكلام مفككا وغير مترابط وغير ممتع في القراءة .

- أحيانا نشعر أن الباحث لا يعرف متى يجب أن يبدأ فقرة جديدة ، ومتى يستكمل الكلام في ذات الفقرة . ويؤثر ذلك على المعنى وتواصل الفكرة . وأحيانا نجد فقرة تشغل نصف صفحة وفقرة أخرى تتكون من سطرين .

- الضعف الواضح في استخدام علامات الترقيم ، فنجد فقرات تتكون من جمل طويلة مسترسلة ، تربطها كلمات وصل حتى تصبح الفقرة كلها جملة واحدة . والمفضل استخدام الجمل القصيرة واستخدام علامات الترقيم في مواضعها الصحيحة ، فهي تساعد على حسن المتابعة والفهم .

• تتضح ركاكة الأسلوب أحيانا مما قد يصل إلى حد خطأ المعنى ، خصوصا في حالة الترجمة من أصل أجنبي . فنظرا لضعف بعض الباحثين في اللغة الأجنبية والترجمة المباشرة دون فهم صحيح للفكرة الأصلية تخرج عبارات غير ذات دلالة ولا معنى ، وأحيانا تعطي معنى بعيدا عن المطلوب .

• أما عن أخطاء الكتابة باللغة الأجنبية سواء في الهوامش أو في ملخص الرسالة ، فهي شائعة ومخجلة ، وعلاجها الوحيد هو أن يعمل الباحث على الارتقاء بمستواه في اللغة الأجنبية قراءة وفهما وكتابة .

• وعندما يلجأ الباحث إلى مترجم غير متخصص تربويا فإن مصطلحاته وتعبيراته كثيرا ما تكون خارج سياق المعنى المطلوب . ويظل الخطأ مسؤولية الباحث صاحب الرسالة.

ثانيا : التنسيق والاتساق   Design and Consistency

لعلنا نتفق على أنه من أهم الأمور التي تساعد على تقبل الرسالة لأول وهلة هو مظهرها وشكل صفحاتها وإخراجها الفني . ويخطئ بعض الباحثين في عدم إعطاء العناية الكافية بهذا الجانب؛ فتبدو الرسالة غير منظمة وغير جذابة للقارئ ، ولا شك أن لهذا الانطباع الأول تأثيراً كبيراً على رأى القارئ.

لذلك أقول إن من الأخطاء التي لا تغتفر في كتابة الرسائل في البحوث التربويـة مـا يلي :

- قلة الاهتمام بتنسيق صفحات الرسالة بدءا من صفحة الغلاف إلى آخر صـفحة ، وقد يحتاج الباحث أحيانا للاستعانة بمتخصص في إخراج المـواد المطبوعـة ، أو يسترشد برسائل تمت مناقشتها ، وحازت قبول وإعجاب لجنة المناقشة .

- ومن القواعد الأساسية في هذا الشأن وضع تصور لبدايات الفصول ، فمثلا يقرر الباحث استعمال فواصل بين الفصول ، وقد تكون ملونة ، وعليها عنوان الفصل والعناصر الأساسية لمحتوياته . هذا الفاصل بين الفصول لا يلغي عنوان الفصـل أعلى الصفحة الأولى من كل فصل .

- يجب توحيد نوع الخط وحجمه في كل الفصول ، كما توحد الخطوط وأنواعهـا وحجمها وموقعهـا بالنسـبة للعنـاوين الجانبيـة الرئيسـة والعنـاوين الفرعيـة . وكـذلك يجـب توحيـد الخطـوط في المـتن والالتـزام بالمسـافات بـين السـطور ، وبمقاييس هوامش الصفحات .

- من المريح للقارئ أن ينسق الباحث رسالته بحيث تبدأ الفصول دائما في اتجـاه واحد ، بمعنى أن تكون الصفحة الأولى لكل فصل جهة اليسار مثلا .

- سبق أن ذكرنا كيف تكتب الجداول والأشكال ، وهنا نؤكد على ضرورة الالتـزام بذات النسق في كتابتها في كل فصول الرسالة ، وأيضا في الملاحق .

- تمتد فكرة الاتساق مـن عناصر الشكل إلى المحتـوى والمضـمون ؛ فمـن الأخطـاء الشائعة تعدد المصطلحات للمفهوم الواحد عبر صفحات الرسالة ، فمثلا يكتب الباحث كلمة استبيان مـرة ، وفي مكـان آخـر يستخدم كلمـة استبانة ، ومرة يتحدث عن التعليم الأساسي كمرحلة ، وفي مكـان آخـر يتحدث عـن التعليم الابتدائي والتعليم الإعدادي كمراحل دراسية ، مـرة يستخدم مصـطلح تقيـيم ، ومرة يستخدم كلمة تقويم بنفس المعنى والاستخدام . ويتكرر هـذا الخطـأ في استخدام المصطلحات الأجنبية .

- تذبذب الباحث وعدم استقراره على نمط واحد في الأسلوب ، أوفي المصـطلحات ، أوفي تنسيق الصفحات.

وإذا لم يهتم الباحث بالتنسيق والاتساق في كل أجزاء الرسالة ، فإنها تعطي انطباعا سلبيا عن الباحث وعن البحث مهما كانت قيمته العلمية والتربوية ، وينتهي الأمـر بتقديم عمل: غير مترابط وغير منظم وصعب القراءة .

Disjointed - Poorly Organized & Difficult to Read

ثالثا : الأمانة العلمية والالتزام بأخلاقيات البحث التربوي

Ethics of Educational Research

وقد سبق أن أشرت إلى هذه الأخطاء في أكثر من موضع من هذا الكتاب ، وأردت أن أكررها هنا ضمن الأخطاء التي لا تغتفر ، حتى أنبه الباحث للعمل على تجنبها:

- بداية نقول إن الأمانة العلمية تعني الصدق في كل ما يقول الباحث وفي كل ما يفعل. وقد يخطئ الباحث بسبب جهله أو عدم معرفته ببعض الحقائق والأمور ، وفور معرفته بما لم يكن يعرفه يصحح نفسه ويعيد النظر في إجراءاته .

- ولكن بعض الأخطاء ترجع إلى إهمال الباحث وعدم جديته في البحث ، فلا يبذل الجهد الكافي للوصول إلى الحقائق أو إلى كل المتغيرات والمؤثرات على الظاهرة التي يدرسها، وفي هذه الحالة يستمر الباحث في الخطأ على أمل عدم اكتشافه .

- وهناك خطأ مقصود ومتعمد ينتج عن تحيز مسبق للباحث ، فهو يريد أن يصل إلى نتائج بعينها ، وهو مصر على هذه النتائج من قبل أن يبدأ بحثه ، فيتلاعب في تجميع الأدبيات ويغش في اختيار العينات ويكذب في تجميع البيانات وفي تحليلها ليحقق ماكان يريد من نتائج . ويعد ذلك على قمة الأخطاء التي لا تغتفر .

- ومن الأخطاء العلمية التي لا تغتفر أيضا ما قد نطلق عليه "السرقات العلمية" ، وهي الاستيلاء على أفكار الآخرين وكتابتها كما هي على أنها من بنات أفكار الباحث أو من اكتشافاته وآرائه دون أن يرجع الحق إلى أصحابه أو يشير إلى مصدر الفكرة الأصلي، ويبين كيف استفاد منها وكيف طورها وأضاف إليها لتصبح فعلا ملكا له ومن حقه .

- إن الاعتراف بفضل الآخرين لن يقلل من شأن الباحث ، بل يزيده احتراما ومكانة علمية لدى القارئ .

- ومن أخلاقيات البحث التربوي ما سبق الإشارة إليه من تعاملات مع المشاركين في البحث واحترام خصوصياتهم ، وعدم إفشاء أسرارهم ، كذلك عدم تعريضهم لأية أضرار نفسية أو جسمية أو اجتماعية؛ نتيجة مشاركتهم في البحث .

- ومن الأمانة العلمية إعلان نتائج البحث ، وإعلام من تهمهم هذه النتائج بها ، وبتوصيات الباحث المرتبطة بموقع كل منهم ومسؤولياته . وقد يكون من الأفضل نشر ملخصات هذه الرسائل إما بطباعتها ، أو بثها إلكترونيا لإتاحتها لكل من يهمه الأمر ، فيزداد الانتشار المعرفي وتعم فائدة البحوث التربوية .

<u>يوم الاحتفال الكبي : المناقشة والحكم</u>

<u>The Dissertation Defense</u>

بعد استكمال كل متطلبات إعداد رسالة الماجستير أو الدكتوراه ، ومراجعتها أكثر من مرة من أعضاء لجنة الإشراف ، وإخراجها وطباعتها في شكلها النهائي ، يمرالباحث بسلسلة من الإجراءات الرسمية في الكلية والجامعة لاختيار لجنة المناقشة والحكم وتحديد موعد المناقشة .

ومن الغريب أن هذا اللقاء يسمى الدفاع عن الرسالة Dissertation Defense، ويسمى باللغة العربية " **جلسة المناقشة والحكم** "، وكأنها معركة حربية أومحاكمة ، وعلى الباحث أن يدافع عن عمله وعن نفسه. ومن المفترض تغيير هذه النظرة ليتحول هذا اليوم إلى احتفالية سعيدة بتتويج شهور وسنين من العمل الجاد والشاق أحيانا .

فماذا يفعل الباحث ؟

- يشعر الباحث بأنه وحيد وأنه بمفرده في مواجهة لجنة من الأساتذه يصل عددهم إلى ثلاثة أو أربعة أعضاء ، فيتصور أنه قد خسر المعركة قبل أن تبدأ .... وهذا غير صحيح ..

- على الباحث أن يتأكد أن هدف هذا اللقاء هو أن يظهر أمام الجميع الجهد الذي بذله في سبيل إنجاز هذا العمل ، وكيف أعد نفسه لهذا اللقاء . لذلك عليه أن يعد نفسه ويعد العرض الذى سيشرح من خلاله مشكلة البحث وأهميتها، وكيف خطط لبحثه ، والإجراءات ، و و ...حتى يصل الى النتائج والتوصيات .

على أن يتم هذا العرض مصحوبا بباور بوينت معدة إعدادا جيدا ؛ فتسهل على الباحث الشرح، وتسهل على الحاضرين المتابعة والفهم.

- يراعى الباحث أسس الإلقاء السليم ، ويبتعد عن السرعة المخلة فى الكلام. وعليه مراعاة أن يكون صوته مسموعا ، ومخارج الحروف واضحة . فهذا دليل على الثقة بالنفس والتأكد من صحة ما يقول وأهميته. ومن المفيد أن يتدرب الباحث على تقديم بحثه أكثر من مرة ، وحساب الوقت اللازم لتقديم عرض ناجح.

- يفيد الباحث أن يحضر جلسات مناقشة رسائل ماجستير ودكتوراه فى تخصصه وفى تخصصات أخرى مختلفة ، ليتعلم مما يدور فيها من أحداث ومواقف سلبية أو إيجابية. يراقب الباحث مثلا: كيف تفاعل الطالب مع أعضاء اللجنة؟ كيف تصرف تجاه ما وجه له من أسئلة؟ كيف كان من الممكن تحسين الموقف؟ كيف يتصرف لو وضع فى موقف مشابه؟ ما الذى عليه تجنبه فى مثل هذه المواقف؟.....

- لعل الباحث يفهم أن أعضاء لجنة المناقشة والحكم قد دعوا إلى جلسة امتحانية ؛ يتم فيها مناقشة الباحث للتأكد من تمكنه من موضوعه ، ومن البحث التربوى ومهاراته. فهم لم يحضروا لمجاملة الباحث ولا المشرف. وعليه أن يتوقع رؤى متنوعة ،

كما يتوقع نقاطا خلافية بين أعضاء اللجنة أنفسهم؛ نتيجة لتعدد المدارس الفكرية والبحثية. وعليه أن يتعلم من هذه المواقف ولا يأخذ موقف الدفاع أوالتعصب لرؤية بعينها.

- وأود أن أهمس فى أذن الباحث فى هذا الموقف بأن عليه أن يتأكد من أنه أكثر الموجودين فى قاعة المناقشة علما بموضوع البحث وما تم فيه من إجراءات، وعليه ألا يفقد ثقته بنفسه ولا ببحثه ، بل يرد على الأسئلة ويناقش بثقة وبتواضع شديدين.

- على الباحث أن يحرص على متابعة إيماءات أستاذه المشرف، وتعليماته اللفظية وغير اللفظية، وأن يفهما وينفذها. فهما فى هذه الجلسة يمثلان فريقا واحدا فى مركب واحد ، والأستاذ يعلم تماما كيف يتحكم فى الدفة.

- من المفيد تسجيل جلسة المناقشة ليرجع لها الباحث فعمل التصويبات التى وافق أعضاء اللجنة على ضرورة تنفيذها . ويبقى هذا التسجيل ذكرى جميلة لهذا الاحتفال الكبير.

<u>ألف مبروك</u>

وأتمنى أن يعتبر الكتاب الذى بين أيديكم دليلا يساعد فى الارتقاء بالبحوث التربوية لتخرج إلينا بحوثا

بدون أ خطاء

الآستاذة الدكتورة كوثر حسين كوجك

<u>بعض المراجع التى تفيد فى موضوع هذا الكتاب</u>

Recommended Related References

- Bell, Wendell. (2003) Foundations of Futures Studies, History, Purposes, and Knowledge. Vol.1. Transaction Pub

- Best, John W., (1977) Research in Education, 3rd. Edition: Prentice-Hall, Inc, Englewood Cliffs, New Jersey, USA

- Borg, Walter R. & Gall, Meredith D., (1983) Educational Research, An Introduction, 4th. Edition. Longman Inc. New York, N. Y., USA

- Cohen, L. & Manion, L. (1985), Research Methods in Education, Rout ledge, New York, N.Y.

- Creswell, John W. (2004) Educational Research: Planning, Conducting, and Evaluating Quantitative and Qualitative Research, 2nd. Ed. Prentice Hall

■ Eisner, Elliot W. & Peshkin, Alan (ED), (1990), Qualitative Inquiry in Education: The Continuing Debate, Teachers College Press, Columbia University, N.Y

■ ERIC/AE Staff, (1997) Designing Structured Interviews for Educational Research: Practical Assessment, Research & Evaluation Electronic Journal, 5(12).

■ Knoetze, J. G., (1997) Educational Research, Faculty of Education, University of Pretoria.
htt://hagar.up.ac.za/cie/bed/modules/rgo785/Tools/educationalresearch.html

■ Levine, S. Joseph (2005) Writing and Presenting Your Thesis or Dissertation: Learner Associates Publisher

■ Love, Torence,(2005) A Structured Approach to Writing a Successful Thesis and Completing your Ph.D. within time: The 5 chapter thesis

■ McNamee, M. & Bridges, D. (2002) The Ethics of Educational Research, Oxford: Blackwell Publishing

■ .McEwan, Elaine K. & McEwan, Patrick, J.(2003) Making Sense of Research: What's Good, What's Not, and How to Tell The Difference .Corwin Press

■ Miller, Delbert C. (1991), Handbook of Research Design and Social Measurement, 5th .Sage Publications, Inc

■ Scott, David, (2000) Realism and Educational Research: New Perspectives and Possibilities, Falmer Press

■ Sikes, P., J. & Carr, W. (2003) The Moral Foundations of Educational Research: Knowledge, inquiry and values, Maidenhead: Open University Press

■ Thompson, Bruce,(1994) Common Methodology Mistakes in Dissertations. The American Educational Research Association, New Orleans, L.A.

- Towne, Lisa, (Ed.). Shavelson, Richard, J (2003), Scientific Research in Education. National Academies Press

- URL: http://www.triangle.co.uk/ear/index.htm; Educational Action Research

- Whitehead, J. & Foster, D., (1984) Action Research and Professional Development, CARN Bulletin, No. 6, Cambridge Institute Of Education, U.K. http://people.bath.ac.uk/edsajw/writings/jwberapres.html

- Wrigley, Jack (1976) Pitfalls in Educational Research, University of Reading, BERA Bulletin Vol. 3. No. 1.

كتاب مترجم:

- مناهج البحث فى العلوم الاجتماعية والتربوية (١٩٩٠) ترجمة:........ كوثر حسين كوجك و وليم تاوضروس عبيد ،الدار العربية للنشر، لكتاب:

- Cohen, L. & Manion, L. (1985), Research Methods in Education, Rout ledge, New York, N.Y.

****

تـم بحـمـد الله
يـنـايـر ٢٠٠٧

أخـطـاء شـائـعـة
فى
البـحـوث الـتـربـويـة

PITFALLS
IN
EDUCATIONAL RESEARCH

كوثر حسين كوجـك
٢٠٠٧

T0147819

Printed in the United States
By Bookmasters